Das Fischland

KÄTHE MIETHE

Das Fischland

mit Zeichnungen von Fritz Koch-Gotha

HINSTORFF

Wir danken der Erbin von Käthe Miethe, Frau Johanna Wihan, und dem Erben von Fritz Koch-Gotha, Herrn Johann Klünder, für die freundliche Genehmigung des Nachdrucks. Unser Dank gilt ihnen auch dafür, daß sie uns die Vorlage aus dem Jahre 1955 zur Verfügung stellten.

Die Deutsche Bibliothek - CIP-Einheitsaufnahme

Miethe, Käthe:
Das Fischland : ein Heimatbuch / von Käthe Miethe. - 7. Aufl.
- Rostock : Hinstorff, 1995
ISBN 3-356-00635-5

7. Auflage 1995
Printed in Germany
ISBN 3-356- 00635-5

Acht Jahre sind nun vergangen, seit dieses Buch geschrieben worden ist. Unser erster Versuch einer neuen Form der Heimatliteratur hat auf diesem Felde des Schrifttums bereits Geschichte gemacht, wie Geschichte erfahren; denn acht Jahre unserer rastlos bewegten, atemlos vorwärtsdrängenden Gegenwart sind nämlich eine lange Zeit.

Es war in den dunklen Novemberwochen 1946, als aus gescheiterten Plänen, auf dem Fischland Volkshochschulkurse einzurichten, bei denen mir das Gebiet der Heimatkunde zugedacht war, der Plan zu einem bescheidenen Fischlandbuch entstand; ich nannte es in Gedanken eine kleine Heimatkunde. Vorbilder für meine vagen Vorstellungen, wie solch eine Aufgabe anzufassen sei, lagen nicht vor. Ich wußte nur eines genau: ein Heimatbuch meines Fischlandes darf nicht trocken und langweilig sein, nicht gelehrt im üblichen Sinn und in dieser Weise belehrend, nicht aus Papieren zusammengetragen, sondern aus dem Leben geschöpft, weil es den Lebenden dienen soll. Denn ich dachte in erster Linie an meine Nachbarn dabei, an deren Kinder, sowie an die Alten, die still auf der Bank am Hause oder am Ofen sitzen, voll von versinkender Erinnerung, von der die junge Generation nicht mehr viel hören und wissen wollte. Gewiß sollte auch erzählt werden, wie dieses Stück Erde zwischen den beiden Wassern entstanden ist, worauf seine eigenartige Bodenformation beruht, wie die Dörfer wuchsen, die Menschen zu allen Zeiten ihre Nahrung gewannen und jede Generation am Schicksal ihrer gesellschaftlichen Umstände zu tragen bekam. Aber der rechte Ausgangspunkt erschien mir das Bild, das unsere Heimat heute zeigt, und die Menschen, die sie jetzt bewohnen. Und um gleich mitten in der Sache selbst zu stehen: am meisten Kopfzerbrechen hat mir die Behandlung der Steinzeit gemacht, die zum Fischland gehört, weil die Reste der alten Fundstellen noch sichtbar vor uns liegen. Dazu kam die Sorge darum, die mündliche Überlieferung, dieses kostbarste weil noch blutwarme Heimatgut, rund um mich in allen Häusern aufzufangen. Damals lernte ich kennen, daß Heimatforschung ein Wettlauf mit dem Tode ist, weil mit jedem alten Seemann und Bauern, mit jeder alten Mutter, die wir auf den Friedhof tragen, eine Fülle wertvoller Überlieferung unwiederbringlich verloren ist. So hieß es zuerst, auf die Wanderschaft gehen, von Haus zu Haus, von Dorf zu Dorf. Es war Wintertag, wir hatten kaum Licht, wir hatten nur Allernotwendigstes für den Magen, kein Schuhzeug, das dem tiefen Schnee und später den rinnenden Schmelzwassern

auf allen Wegen standhalten konnte. Und ich sehe mich noch heute in geliehenen Knobelbechern, Filzschuhe unter dem Arm, um mich in die Häuser hineinzuwagen, Reste von altem Manuskriptpapier zum Notieren in der Tasche, tagaus, tagein, bei jedem Wetter und bei jedem Wind, diesen Wettlauf auszutragen. Auf solche Weise wurde der Grund zu diesem Heimatbuch gelegt.
Im Sommer 1948 kam es in einer Auflage heraus, die uns für den engen Kreis der Leser, die wir vor uns sahen, für Jahre ausreichend schien. Ich erfuhr sofort den großen Gewinn des in früheren Zeiten gern belächelten Heimatschriftstellers, mitten unter seiner Leserschaft zu leben, aus erster Hand ihr Urteil, ihre Kritik, ihr Einverständnis entgegenzunehmen. Jede Zeile des Fischlandbuches wurde unter die Lupe genommen. Oma las es zuerst, weil sie am meisten Zeit dazu fand. Opa wartete skeptisch, bis sie fertig war, um festzustellen, was da wohl zusammengelogen sei. Der Seemann prüfte genauso scharf wie der Fischer das „Seine" Wort für Wort nach, und die junge Generation begriff zuerst schwer, wie man aus ihren paar Dörfern und Häusern und Familien ein ganzes Buch machen kann. Der Autor lief Spießruten und riegelte sich nicht ängstlich ein. Nach so vielen Jahren darf er bekennen: Das Urteil des Fischlandes war ein einstimmiges Ja. Am schönsten sprach es einer von unseren dörflichen Handwerkern aus. Er stieg vom Rad, als er mich sah, bedankte sich lang und breit für das Buch und sagte zum Schluß mit hoch erhobenem Finger:
„Aber warten Sie nur, wenn Sie erst tot sind — wie berühmt Sie aber dann erst werden!"

•

Es kamen Briefe. Tagtäglich trug man mir „Fischlandpost" ins Haus. Diese Fischlandpost ist bis heute noch nicht versiegt. Sie kam und kommt aus der ganzen Welt, aus Amerika, Afrika, England, aus Mitteldeutschland, Hamburg, Brunsbüttel-Koog. Von allen Stätten, wo Fischländer oder Nachkommen alter Fischlandfamilien wohnen, wo Menschen leben, die einmal auf dem Fischland gewesen sind. Alle hat dieses kleine Buch angerührt und sie so tief bewegt, daß sie schreiben und danken mußten. Jeder Brief spricht vom Heimweh und von der Sehnsucht nach Haus. Ich habe einem jeden eine Antwort geschickt, dem Sohn eines alten Althäger Matrosen, der vor einem Vierteljahrhundert mit Weib und Kind über das große Wasser zog, wie der Enkelin eines Wustrower Seemanns, die nur die Erzählung ihrer Mutter an die nie gesehene

Heimat ihrer Familie band. So ist dieses Buch eine Brücke geworden von Ost nach West, auf der sich die deutschen Menschen in der gleichen Liebe zum Vaterlande begegnen.

Es hat auch im Laufe seiner Lebenszeit schon ungezählt viele Menschen zu uns geführt, es dient nicht nur der Erinnerung. Schulklassen, Ferienlager, die das Fischland erforschen wollen, bereiten sich damit für ihren Auftrag vor; während der Sommerzeit stellen sich täglich Werktätige mit ihren Kindern bei mir ein, bringen Pflanzen, Funde vom Strande, fragen, welchen Katen sie einmal ansehen könnten, welches Bauerngehöft, oder welches seltsame Fanggerät eigentlich unsere neue Reuse am Weststrand ist. Auf den Wegen halten Gäste wandernd und schauend unser Heimatbuch wie eine Karte des schmalen, schönen Landes griffbereit in der Hand.

Das Echo, das unser Fischlandbuch fand, hat mich glücklich gemacht, stolz nicht für mich, sondern stolz auf unser Volk, das sich mit tiefem Ernst auf sich selbst besinnt.

Juni 1954 *Käthe Miethe*

Im Herbst des Jahres 1898 wanderte Margarete Lettow, die Frau des Fischländer Arztes Dr. Ulrich Lettow, über das Hohe Ufer oberhalb von Niehagen und ging durch die kurze Kette der Binnenlanddünen, deren Reste noch heute dort stehen. Sie wurde auf eine Fülle herumliegender Feuersteinstücke und Splitter aufmerksam und nahm einige davon in dem Bewußtsein mit, einen zum mindesten merkwürdigen Fund getan zu haben. Sie ließ sich durch den Spott ihres Mannes, diese Steine nur getrost wieder dorthin zu tragen, woher sie sie genommen hätte, nicht beirren, sondern kehrte an die Fundstelle zurück und las weitere Feuersteine auf. Unter diesen befand sich ein etwa 12 cm langes, helles Stück, das eindeutige Spuren einer Bearbeitung zeigte und einem Beil nicht unähnlich war. Da gab auch Dr. Lettow zu, daß es sich hier nicht um ein Spiel der Natur handeln konnte, sondern um Menschenwerk, und machte sich nun ebenfalls an das Suchen und Sammeln dieser Steine.
Das war die Entdeckung des Fischlandes als bedeutende Fundstätte prähistorischer Steingeräte und Waffen. Mit ihr ist unsere kleine Heimat in die archäologische Wissenschaft und Literatur eingezogen. Und was uns noch wichtiger erscheint: das Fischland bekam durch diese Funde einen neuen, interessanten Zug in seinem schon überaus farbigen und abwechslungsreichen Gesicht. Seit jenen Tagen sind wir auf dem Fischland zu der Steinzeit sozusagen in eine persönliche, unmittelbare Beziehung getreten. Wir sind mit den Leuten, die vor vielen tausend Jahren auf dem gleichen Boden hockten und ihre Werkzeuge bearbeiteten, auf dem wir nun einhergehen und uns unseres Lebens freuen, gleichsam ein bißchen, wie man hier sagt, „in Familie gekommen".
Um die Fundstellen der prähistorischen Geräte haben sich im Laufe des letzten halben Jahrhunderts immer wieder Menschen gesammelt, die den Spuren der Entdecker nachgingen. Wenn wir jetzt mitunter an Spätsommertagen auf den abgeernteten Feldern eine einsame Gestalt erblicken, die sich dort gesenkten Hauptes langsam vorwärts bewegt und weder für die weite See noch für den blauen Bodden mit seinen rostbraunen Segeln einen Blick übrig hat, haben wir es mit einem Menschen zu tun, den das Steinzeitfieber gepackt hat. Dieses Steinzeitfieber, das einen wie

jede wahre Leidenschaft schütteln kann, fordert noch heute immer neue Opfer, obwohl im Laufe der Zeit die Funde wesentlich seltener und auch an Wert viel bescheidener geworden sind.

Mir kommt es nun heute nicht mehr so wichtig vor, ob es die Stufe des Magdalénien oder irgendein anderer Zeitabschnitt ist, dem die verschiedenartigen Funde des Fischlandes zugeteilt werden. Ich habe auch nicht mehr die große Ehrfurcht davor, daß einer daranging, etwa aus den Funden auf der Boddenseite des Fischlandes eine eigene Boddenkultur zu konstruieren. Was ich mir seinerzeit, ebenfalls vom Steinzeitfieber geschüttelt, mit heißem Bemühen aus gewichtigen Werken wie Schuchhardts „Alt-Europa“ angeeignet habe, ist längst vom reißenden Strom des lebendigen Geschehens wieder fortgespült worden. Aber unvermindert ist mir die Freude geblieben, mir vorzustellen, daß das Fischland in Verbindung mit dem ältesten Kulturboden der europäischen Menschheit steht und sich der Weg unseres Werdens hier bis in eine Zeit zurückverfolgen läßt, die noch weit hinter jenen sagenhaften Menschheitsepochen liegt, von denen die Griechen als von einer goldenen Zeit sangen. Reizvoll bleibt auch die Tatsache, daß das Fischland als steinzeitliche Fundstätte nicht allein in die engen Stuben der Fachgelehrsamkeit gewandert und uns entrückt worden ist. Die alten Fundstellen am Steilufer, so weit sie das Meer nicht im Laufe der Jahre fortgerissen hat, sind allgemein bekannt.

Arzt und Dichter, Maler und Bauer, Lehrer und Handwerker, lauter Leute, die nicht vom archäologischen Bau herkommen, haben auf dem Fischland gesucht und gesichtet und zum Teil bemerkenswerte Sammlungen zusammengetragen. Es gibt auch auf dem Fischland nur wenige Häuser, die nicht irgendeinen kostbaren Schatz aus der Steinzeit bergen, eine Pfeilspitze, ein glänzend poliertes Beil, ein Messer, irgendein auffallend schönes, tadelloses Stück, das vielleicht schon dem Großvater die Pflugschar vor die Füße schleuderte und das er um seines ungewöhnlichen Aussehens willen aufhob und mit nach Hause nahm. Heute sehen seine Enkel solch einen Fund mit wissenden Augen an, denn sie haben in der Schule von der Steinzeit und von den Fundstellen auf dem Fischland gehört und sich selbst oft auf die Suche gemacht.

Es geht uns allerdings jetzt so, wie es Brentano in seinen Versen sagt:

Und ist das Feld einst abgemäht,
die Armut durch die Stoppeln geht,
sucht Ähren, die geblieben.

Was wir heute auf dem Hohen Ufer und auf den Feldern sammeln, sind meist nur noch Absplitter und Bruchstücke irgendwelcher Werkzeuge, Feuersteine, die zwar Spuren einer Bearbeitung aufweisen, aber als Ganzes wertlos sind. Mitunter ist ein von allen Seiten sauber behauener Schaber zu finden oder auch ein fast kreisrundes sogenanntes Amulett. Aber wer kann uns den Glauben nehmen, daß sich nicht doch irgendwo noch eine von den hauchzarten Pfeilspitzen verborgen hält, die von allen Funden am begehrtesten sind? Vielleicht hat der letzte Herbststurm gerade solch eine Kostbarkeit freigeweht, oder die See spült sie an den Strand, die See, die inzwischen die alte, berühmt gewordene Fundstelle des Dr. Lettow zum großen Teil verschlungen hat und darum auf ihrem Grunde noch ungeahnte Schätze verborgen halten kann.
Das Steinzeitfieber bringt die Phantasie immer wieder zum Spielen. Keiner unter uns geht auf dem Fischland einher, der nicht die gewagtesten Theorien vom Leben des steinzeitlichen Menschen auf unserem Boden aufgestellt und hartnäckig verteidigt hätte. Alle haben wir darüber spintisiert. Gerade die Bruchstücke bieten der Phantasie den weitesten Raum. Und sobald der Bauer seine Ernte beendet hat, gehen wir über die Felder und schauen mit ungeminderter Hoffnung im Herzen nach neuen Funden aus.

Als Dr. Lettow zu sammeln begann, lagen die Feuersteine zu Tausenden auf dem Hohen Ufer und auf den anliegenden Äckern. Ungezählte vollendete Werkzeuge aller Art waren darunter. Man brauchte sich nur nach ihnen zu bücken. Einige Zeit vor der Entdeckung dieser Fundstelle war nämlich zur Uferbefestigung Sand abgefahren und dabei die Schicht mit den Funden freigelegt worden. In dem ersten größeren Bericht, den Lettow zusammen mit Professor Dr. Geinitz aus Rostock über „Die Werkstätte von Feuersteingeräten bei Ostseebad Wustrow auf dem Fischland" verfaßt hat, wird eine genaue Beschreibung der Fundstelle wie auch die Einordnung der wesentlichsten Funde gegeben.

Es muß eine Lust gewesen sein, als erster diese Entdeckung zu machen, doch in gewisser Weise auch eine Last; denn es standen damals noch viele Fragen über die Kultur der Steinzeit offen, die heute als beantwortet gelten dürfen. Damals war die vorgeschichtliche Forschung kaum den Kinderschuhen entwachsen. In Lettows und Geinitz' Publikationen wie auch in den handschriftlich hinterlassenen Aufzeichnungen Lettows ist noch das vorsichtige Tasten zu spüren, das Glück und Qual derer ist, die ein Neuland betreten und sich der hohen Verantwortung jedes ihrer Schritte bewußt sind.

In allen freien Stunden, die sein Amt als Arzt auf dem Fischland ihm ließ, hat Dr. Lettow die Fundstellen abgesucht. Seine ganze Familie wurde zum Sammeln eingespannt. Immer wieder wurden die einzelnen Stücke miteinander verglichen und klassifiziert. Zu ihrer Bestimmung machte Dr. Lettow unermüdlich Versuche; er versah beispielsweise Steine, die man als Beil oder Axt ansprechen konnte, mit Stielen, befestigte die Stücke daran mit Bast, um Klarheit über ihre Verwendungsmöglichkeit zu gewinnen. Da die hauptsächlichen Fundstellen nicht weit von Dr. Lettows Grundstück in Wustrow lagen, diente dem auf dem Felde sammelnden Arzt ein am Garten aufgehängtes Handtuch zum Zeichen dafür, daß er gerufen wurde.

Allmählich entstand eine Sammlung, die das Interesse der wissenschaftlichen Welt weckte, zumal sich bald herausgestellt hatte, daß auf dem Fischland in der Steinzeit nicht nur eine Siedlung gelegen hatte, von der Gebrauchsgegenstände zur Jagd und Fischerei, zur Bereitung von Nahrung und Bekleidung zurückgeblieben waren, sondern eine Steinwerkzeugmanufaktur, in der in großem Maßstab alle diese Geräte aus dem chalzedonartigen Feuerstein für den Handel hergestellt wurden.

Die Sammlung des Dr. Lettow umfaßte schließlich 8000 Nummern. Es ist ewig schade, daß sie unserer Heimat nicht erhalten bleiben konnte. Sie ist vor vielen Jahren schon in den Besitz des Dr. Roselius in Bremen für sein Museum in der Böttcherstraße übergegangen. Nur in Ribnitz befindet sich noch eine kleine Auswahl typischer Fischlandfunde, die Dr. Lettow der Schule seiner Knabenjahre in Dankbarkeit gestiftet hat. Die Sammlung, die, von Lettow angeregt, der Wustrower Lehrer Mât zusammenbrachte und die 6000 Stück enthielt, ist in das Schweriner Landesmuseum gekommen. Willy Bastian, der ebenfalls Lehrer in Wustrow war, spezialisierte sich auf die Boddenküste des Fischlandes, die an Funden sehr ertragreich war. Es ist ja im Grunde das ganze Fischland eine einzige Fundstelle. Auch auf dem Schifferberg hinter Ahrenshoop und auf den anliegenden Äckern der Bauernstelle Paetow sind gute Funde gemacht worden, und ich selbst habe noch vor wenigen Jahren an der Ostmole des Althäger Hafens einen prächtigen Schaber aus dem Boddenschlick aufgelesen.

Unter den Sammlern der Steinzeitzeugen des Fischlandes befinden sich auffallend viele bekannte Namen. Der Maler Koch-Gotha ist dabei, der Graphiker Professor Peter Fischer, der Maler Professor Alfred Partikel gehörte dazu, auch mein Vater Adolf Miethe. Sie alle waren für längere oder kürzere Zeit dem Steinzeitfieber verfallen. Und neben ihnen stehen die vielen Namenlosen aus allen Berufen, darunter auch eingeborene Fischländer. Als im Sommer 1933 die Stadt Ribnitz das Fest ihres 700jährigen Bestehens beging, zeugte eine Ausstellung von Steinzeitgeräten davon, wie selbstverständlich dem Fischländer das Gebiet der Prähistorie geworden ist.

Einer der ernsthaftesten Sammler und besten Kenner der Steinzeitkultur wurde der Dichter Ottomar Enking, dem wir noch bis in den letzten Krieg hinein dabei zuschauen konnten, wie er, ein Leinentäschchen nach Art einer Hirtentasche über die Schulter gehängt, in seinem gestreiften Flanellanzug, eine weiße Schirmmütze auf dem Kopf, über unsere Äcker wanderte mit der Beharrlichkeit und Zielstrebigkeit, die Grundlage seines Wesens waren. Er pflügte das Feld gleichsam mit seinen Augen Streifen für Streifen auf und machte die kostbarsten Funde, wo ein anderer kaum mehr etwas entdeckt haben würde. Er überließ sich nicht dem Zufall und dachte nicht an irgendein Einzelstück, das dieser ihm schenken könnte. Er richtete sich nach den Erdschichten und spürte die größeren Zusammenhänge auf.

Enking hat in den „Mecklenburgischen Monatsheften“ erzählt, wie er zu seiner Leidenschaft für die Steinzeit gekommen war. Er prägte dabei das hübsche Wort von der „Steinaust“, zu der er von Dresden in sein Sommerhaus auf dem Fischland reiste. Sobald die Stoppeln standen und das Land vom Pflug aufgerissen wurde, war er auf den Feldern zu finden. Er, der so ernst mit jedem seiner Bücher und mit den Gestalten seiner Erzählungen rang und von einer tiefen Naturliebe erfüllt war, konnte über dem Sammeln Himmel, Meer und Erde vergessen. Er interessierte sich weniger für die späteren, fein ausgearbeiteten und polierten Werkzeuge, die jeden im ersten Stadium des Steinzeitfiebers am meisten locken. Er ging den frühesten Zeugen der Menschheit nach und deutete an den Rätseln, die sie uns aufgeben. In einer kleinen Erzählung „Schnut“ hat Enking versucht, das Leben und Wesen des steinzeitlichen Menschen zu gestalten.

Ottomar Enkings kostbare Sammlung von rund 1000 Nummern ist zusammen mit seinen anderen unersetzlichen Schätzen an Porzellan, Silber, Gläsern und Büchern in jener Nacht des 13. Februar 1945 untergegangen, die ganz Dresden in Schutt und Asche legte. Sie nahm auch dem Sammler das Leben.

Die alte Manufaktur der Steinzeitgeräte lag auf jenem Gebiet des Fischlandes, das die Geologen als Diluvialplateau bezeichnen. Die Eiszeit hat dem Fischland sein heute noch gültiges Gepräge gegeben. Auch sie hat uns steinerne Zeugen hinterlassen, die Findlingsblöcke, die das Eis als Fremdlinge aus dem Norden in unserer Niederung abgelagert hat. Heute gehören diese Findlingsblöcke dem Fischland genau so unzertrennbar an, wie etwa unsere niedrigen Katen; denn sie sind wie das Rohr vom Boddenufer, das diese Katen deckt, ein einheimischer Baustoff geworden. Findlingsblöcke liegen wie vorweltliche Ungeheuer überall bei uns herum. Sie stecken ihre dicke graue oder rosa Nase aus dem Gefälle des Hohen Ufers heraus. Sie lauern in den Äckern und verlangen, daß der Bauer mit seinem Pflug einen Umweg um sie macht. Sie tauchen beim Graben plötzlich irgendwo im Garten auf. Sie sind Hindernis und Geschenk zugleich. Allerdings — heute wissen wir uns dieser Gabe der skandinavischen Gebirge kaum mehr anders zu bedienen, als sie auf die Gräber zu setzen. Aber die „Alten“, wie man hier gern von den Vorfahren sagt,

haben mit diesem Erbe der Eiszeit gebaut und mit ihm ihre Höfe eingefriedigt.
Findlingsblöcke sind das Fundament der ältesten Katen. Sie liegen unter der steinharten, mächtigen Eichensohle, auf der die Träger der Fächer ruhen, die dann der Lehm vom Ufer ausfüllt. Aus kleineren Findlingen wurden die Keller unter den Häusern gemauert, in denen selbst im härtesten Winter Kartoffeln frostfrei lagern. Die Schächte der offenen Ziehbrunnen wurden aus Findlingen gebaut, bis das Zementzeitalter kam und uns den Zementring bescherte, gegen den ganz gewiß nichts einzuwenden ist, solange er in der Erde versenkt unsichtbar seine Dienste tut. Daß dieser Zementring auch mehr und mehr die alten hölzernen Brunnenkästen verdrängt, daß überhaupt auch auf dem Fischland der Zement immer mehr verwandt wird, steht auf einem anderen Blatt, das wir gleich noch aufschlagen werden.
Das schönste Geschenk hat der Findlingsblock dem Fischland als Einfriedung der Höfe gemacht. Dort liegt er nun, zu kleinen gedrungenen Wällen aufgeschichtet, von Moosgeflecht überzogen. Die Fugen zwischen den Brocken sind mit Erde ausgefüllt, durch die der gelbe Mauerpfeffer kriecht, in der das rosa blühende Seifenkraut wächst. Vor diesen Einfriedungen, wie sie Althagen

noch zahlreich hat, kann man immer wieder mit stiller Freude stehen. Sie kommen der Schönheit einer dichten, lebenden Hecke gleich, weil sie ebenfalls voll von Leben sind. Und es ließe sich aus den verschiedenen Möglichkeiten, seinem Besitz eine sichtbare Grenze zu geben, wohl ein ganzes Kapitel Kulturgeschichte zusammenstellen, das etwa heißen könnte: Von der Hecke oder vom Steinwall bis zum Gitterzaun oder bis zum Stacheldraht. Aber dabei gelangt man leicht auf den Irrweg, aus bescheidenen Lebensverhältnissen und begrenzten wirtschaftlichen Möglichkeiten sogleich den Ausdruck einer persönlichen Kultur oder Unkultur zu konstruieren.

Der Bauer oder der Fischer, der sich vor Zeiten einmal einen solchen Wall aus Findlingsblöcken als Grenze für sein Grundstück anlegte und keine Mühe dabei sparte, kannte vielleicht noch keinen Draht oder hatte kein Geld, um sich welchen zu kaufen. Vielleicht fehlte ihm auch die Gelegenheit dazu. Niemals aber wäre er auf den Gedanken gekommen, sich aus ästhetischen Gründen für eine Einfriedung zu entscheiden, die ihm die Erde selbst anbot. Ihm ging es nur um Sparsamkeit, zumal der Steinwall ihm auch den besten Schutz gegen den Flugsand vom Ufer bot. Mit einem dahingeschwundenen Schönheitssinn der Fischländer hat also die immer häufigere Verwendung der Drahtzäune und des Stacheldrahts nichts zu tun. Einen Steinwall nach der alten Art rund um sein Grundstück aufzubauen, kostet viel Schweiß für Mann und Pferd, und viel, viel Zeit. Mit Draht ist die Einfriedung wesentlich einfacher zu machen, und diebessicherer ist ein Drahtzaun obendrein. Darum soll man sich ohne Sentimentalität der alten Wälle erfreuen, wo sie noch zu finden sind, doch den Besitzern der Drahtzäune ihre Geschmacklosigkeit nicht mit erhobenem Zeigefinger vorwerfen. Vielleicht wird das schöne Beispiel der Hufe 2 in Althagen mit dem neuen, aus Ästen geflochtenen Zaun seine Nachahmer finden. Hier hat ein Bauer wieder zur Urform der Einfriedung zurückgefunden, die uns bereits aus mittelalterlichen Bildern bekannt ist.

Das Zementzeitalter, in dem wir uns befinden, beraubt das Fischland auch einer anderen, ihm früher eigentümlichen Schönheit. Das ist der Damm aus Rollsteinen, der früher rund um alle Katen gelegt war, um das vom Rohrdach rieselnde Regenwasser aufzufangen und in seinen Fugen zu verteilen. Solche Dämme wurden mit unsagbaren Mühen gepflastert. Man ahnt nicht, wie viele kleine Rollsteine dazu gehören, um in knapp einem Meter Breite

auch nur eine Hauswand entlang damit zu belegen. Man muß sich schon selbst einmal unterfangen haben, die Steine dazu vom Strande heranzuschaffen, um darüber mitreden zu können. Und man muß auch selbst immer wieder vor der Notwendigkeit stehen, seinen Damm von Unkraut und Moosen freizuhalten, „Damm zu puken“, wie man hierzulande sagt, um zu verstehen, weshalb ein alter Damm nach dem anderen herausgerissen wird, um durch einen Zementrand oder durch Zementplatten ersetzt zu werden. Man kann es keinem praktisch Denkenden verargen, daß er die Schönheit der Nützlichkeit zum Opfer bringt; doch ein bißchen weh tut es mir jedesmal, wenn wieder ein alter Rollsteindamm aus dem Dorfbild verschwindet.
Wir haben also in den letzten Jahrzehnten manch eine Eigentümlichkeit des Fischlandes dahingehen sehen. So wie keine der großen Sammlungen aus der Steinzeit, die unsere Erde uns so reichhaltig geliefert hat, dem Fischland geblieben ist, sind uns auch viele andere Kostbarkeiten verlorengegangen, seit das Fischland durch den Fremdenverkehr dichter an die übrige Welt angeschlossen worden ist. Wir sind in mancher Beziehung arm geworden und waren vordem reich. Ich denke vor allem an die alten Mahagonimöbel aus der Väterzeit, in der das Fischland, durch den Unternehmungsgeist seiner seefahrenden Bevölkerung ausgezeichnet, ein kleiner verschwiegener Hort des Wohlstandes,

ja des Reichtums war. An die Eckschränke mit den aufsteigenden Flammen in der Maserung ihres Holzes, an die Kommoden, an die Schreibschränke mit schräger Klappe, die mit wundervollen Messingbeschlägen ausgestattet waren, an die eisenbeschlagenen Truhen, die man hier Koffer nennt, in denen die Vorfahren ihren Leinenschatz aufbewahrten. Diese Truhen standen früher überall in den Schifferhäusern unmittelbar neben der Haustür im Flur und waren mit Rollen versehen, damit man sie bei Feuerausbruch sofort aus dem Hause ziehen konnte. Ich denke auch an das herrliche Geschirr aus englischem Steingut, das die Seeleute von ihren Reisen mitbrachten, von dem nur bei großen Familienfesten, wie Hochzeiten und Taufen, gespeist wurde. Teller mit blauen oder braunen, mattgrünen oder bunten Blumenmustern und Landschaften über und über verziert, dazu gewaltige Platten für Braten, deren Ausmaß man sich heute überhaupt nicht mehr vorzustellen vermag, bauchige Terrinen mit schweren barocken Schnörkeln an den Griffen und breite Kummen für Kartoffeln, auf denen köstliche englische Sprüche und Verse unter Bildern stehen, die den Seemann mit seiner Braut an einem fernen Gestade beim Abschiednehmen zeigen, während seine Jacht mit geschwellten Segeln auf der Reede wartet. Einer von diesen Versen, der typisch für die englische Seemannspoesie ist, sei hier zur Erinnerung an diesen Schatz der alten Fischländer Schifferfamilien mitgeteilt:

Be wise then, Christian, while you may,
For swiftly time is flying.
The thoughtless man, who laughs to-day
To-morrow will be dying.

Auch die blinkenden Kupferkessel, die an einer Kette über der offenen Feuerstelle des Hauses hingen, ehe der moderne Herd mit der Platte aufkam, gehören zu den entschwundenen Schönheiten des Fischlandes. Die Schiffsbilder sind rar geworden, nachgedunkelte Ölbilder in schweren goldenen Rahmen oder luftige Aquarelle unter Glas, die ein Schiff mit vollen weißen Segeln vor einem lichtblauen Himmel darstellen. Jedes Bild trug den Namen eines Ahnen, der Schiffer und auch Eigner des Schiffes war.
Von all diesen Dingen sind nur noch hier und da einzelne Stücke zu finden, die nun für das Ganze sprechen müssen. Als das Fischland durch die Fremden entdeckt wurde, kamen auch gleich die Händler und Antiquare hinterher und kauften Haus bei Haus

unsere Eigentümlichkeiten auf. Ich kann mich von meiner Kindheit her gut daran erinnern, wie solch ein Aufkäufer über die Landstraße fuhr, die Lenkstange seines Rades mit leise scheppernden, blinkenden Kupferkesseln behängt. Natürlich haben sich auch die Fremden an dem Ausverkauf des Fischlandes beteiligt. Wir besitzen daher heute von all diesen Kostbarkeiten, die einmal der Stolz der Fischländer waren, nur noch Reste, aus denen wir uns die bunten Bilder der Vergangenheit mühevoll zusammensetzen müssen, und wir sind denen dankbar, die uns das wenige durch Verständnis für die Vergangenheit erhalten haben. So findet sich noch eine prachtvolle Sammlung alter englischer Steingutkannen und Töpfe, wie guter Möbel und anderer Erinnerungen an die großen Zeiten des Fischlandes im Hause des Dr. Lettow, und immer wieder erlebt man die Freude, hier und da, vor allem in Wustrow, noch ein gutes Stück zu entdecken, das heute mit Ehrfurcht gehütet wird.

Als eines der letzten Opfer des Krieges ging dem Fischland die Sammlung von Schiffsmodellen verloren, die der Wustrower Steuermann Kriemann mit seiner Hände Fleiß geschaffen hatte. Vierzig Jahre lang hat Kriemann in seiner kleinen Wohnung in Wustrow an diesem Werk gearbeitet. Es stellte mit über siebzig Modellen gewissermaßen ein Anschauungsbuch der Seefahrt dar: Auslegerboote der Südsee, chinesische Dschunken, Koggen, Kriegsschiffe der Hansezeit, Modelle aus der großen Epoche der deutschen Segelschiffahrt, getreu bis in die letzte Kleinigkeit nachgearbeitet. Jedes Modell war ein Wunder an Präzision. Auch Buddelscheep waren dabei, wie man die Flaschen mit eingebauten Schiffen nennt, sowie Modelle der bekanntesten Leuchttürme an der deutschen Küste, von Bojen und anderen Marken der Schiffahrt. Sommer für Sommer stellte Kriemann in Wustrow diese Sammlung aus.

Es ist oft die Rede davon gewesen, auf dem Fischland ein kleines Heimatmuseum oder wenigstens eine Fischländer Stube zu schaffen, in der Zeugen der alten Fischländer Kultur aufbewahrt werden. Ein bescheidener Anfang dazu wurde 1928 auf einem Dorftag gemacht, der in Wustrow zur Feier der sechshundertjährigen Zugehörigkeit des Fischlandes zu Mecklenburg begangen wurde. Aber etwas Grundsätzliches ist in dieser Sache leider nicht geschehen. Heute nun scheint mir der Bestand an alten Möbeln, Schiffsbildern, Schiffskisten und Modellen, an Steingutgeschirr so gering geworden, daß sich zwar ein kleines Heimatmuseum daraus zusammenstellen lassen würde. Doch dann müßten die Fischlandhäuser ihre letzten Erinnerungsstücke hergeben, und das wäre nie wieder gutzumachen. Wir hätten zwar ein Fischländer Heimatmuseum, aber auf Kosten derjenigen Familien auf dem Fischland, in denen noch heute die Tradition der Seefahrt ehrfürchtig und stolz gepflegt und von Generation zu Generation weitergereicht wird.

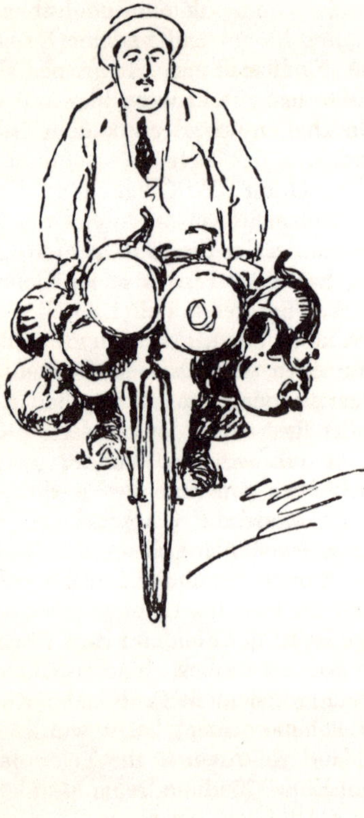

Wir haben einmal in meinem Garten in Althagen ein tiefes Loch gegraben. Das war lange vor jenen Jahren, in denen man sein Silberzeug und sein ererbtes Porzellan in die Erde grub und zuletzt für sich selbst eines der vorgeschriebenen Löcher mit einer alten Schuppentür als Deckel darüber machte, um außerhalb des gefährdeten Rohrdachhauses Schutz vor Luftangriffen zu finden.

Unser Loch wurde so tief, daß ein erwachsener Mann völlig darin verschwand. Es sollte festgestellt werden, wie unser Eigentum in jener Dimension beschaffen war, der grundbuchlich keine Grenzen gezogen sind, nämlich in der Tiefe. Ich wollte genau wissen, was mir eigentlich alles gehörte. Wir stießen unter der Muttererde meines Gartens auf eine Schicht von gelbem Lehm, und damit waren wir unmittelbar bei der Eiszeit angelangt.

Die Erdgeschichte hat dem Fischland eine Sonderstellung zugewiesen. Sie hat bereits dieses kleine Stückchen Land deutlich von seiner Umwelt abgegrenzt. Das ist noch heute für jeden, der mit offenen Augen etwa vom Ostseebad Ribnitz aus über den schmalen Landstrich wandert, klar zu erkennen.

Das Fischland ist der Rest einer Moräne, die aus Geschiebemergel besteht, in dem die erratischen Blöcke eingebettet liegen; das Hohe Ufer über Althagen und Niehagen ist ein uralter, diluvialer Kern. Als später das westliche Ostseebecken bereits besiedelte Gebiete unserer Küste verschlang und sich die nach der kleinen Schnecke Litorina litorea benannte Litorinasenkung ereignete, blieb das Fischland als eine Insel stehen. Auf diese Erdsenkung geht auch die lange Reihe der Bodden von unserem Saaler Bodden bis zum Barther Bodden zurück. Die Recknitz, der heute nur noch unscheinbare Fluß, dem die alte östliche Grenze zwischen Mecklenburg und Pommern folgt, hatte zwei Mündungen in die See, die das Fischland gleichsam in ihre Arme nahmen und eine Art Delta bildeten. Eine Mündung lag südlich von Wustrow, die andere nördlich von Althagen, genau dort, wo heute Ahrenshoop beginnt. Und zu beiden Seiten des Fischlandes breitete sich in den Niederungen der Heidesand aus, und es beginnen die Gebiete des Moores.

Das Fischland befindet sich in einer ewigen Wandlung seines Landbestandes. Als wir Kinder waren, schien uns der Weg vom Dorf zum Hohen Ufer und zum Strande viel weiter als heute. Er war es auch in Wirklichkeit, denn das Fischland nimmt an der Seeseite von Jahr zu Jahr ab. Das war schon damals unser Schmerz. Sobald wir im Sommer wieder aus der Stadt auf das Fischland kamen, liefen wir mit klopfendem Herzen auf das Hohe Ufer, um nachzusehen, ob der breite rosa Findlingsblock, auf dem wir im letzten Jahr wie Robben in der Sonne gelegen hatten, noch aus der Brandung herausragte, und ob die goldgelbe Lehmnase, in deren Schatten unsere kleine Badebude gestanden hatte, inzwischen abgebrochen und nachgerutscht war. War wohl der große Brocken am Uferrand, der im Herbst schon einen verdächtigen Spalt in seiner Grasnarbe gezeigt hatte, im Winter abgestürzt? Hatte der Nachbar, Bauer Nagel, wieder einen Streifen seines Ackerlandes abgeben müssen, weil der Uferrand sonst zu schmal geworden wäre? Und im Dorfe ließen wir uns erzählen, wie man an stürmischen Wintertagen bis in die kleine Küche der Katen hinein vernommen hatte, daß sich das Meer mit dumpfem Gepolter wieder ein Stück unseres Fischlandes nahm.

Damals zog sich auf dem Hohen Ufer noch ein grasbewachsener Wall entlang, der im Volksmund der Schwedenwall hieß und mit dem Dreißigjährigen Krieg in Verbindung gebracht wurde. Die Einbuchtungen, die ab und zu in diesem Wall sichtbar waren, sollten den Geschützrohren gedient haben. Dort mußte es gewiß auch gewesen sein, wo 1848, als Schleswig-Holstein sich gegen die Dänen erhob und eine Landung an der Fischlandküste möglich schien, die jungen Fischländer Tag und Nacht Wache standen. Bis nach Warnemünde hin waren in Abständen Tonnen mit Teer aufgehängt. Im Falle einer Landung — heute würde man sagen: einer Invasion — sollte der Teer angezündet werden, um Rauch- oder Lichtsignale nach Warnemünde zu geben.

Es war uns Kindern vom Vater streng verboten worden, auf einem alten Kartoffelsack, den wir zum Schutz für unsere hellen Sommerkleider umbanden, das abschüssige Hohe Ufer hinunterzurutschen. Von den Badegästen wurde das mit lautem Hallo immer wieder getan. Wir aber wollten keine Badegäste mehr sein. Wir hatten ein eigenes Haus und fühlten uns dem Dorf und seinem Schicksal fest verbunden. Uns war das Ufer heilig. Wir trauerten jedem Stück nach, das die See sich holte. Wir gestanden die Zerstörung des Ufers nur den Uferschwalben zu, denn sie

wußten es nicht besser, wenn sie mit ihren ungezählten Nistlöchern das Ufer förmlich perforierten und damit seinen Absturz beschleunigten. Übrigens trägt das Quellwasser erheblich zum Landverlust bei; wenn es in harten Wintern gefriert, treten tiefe Risse auf, mächtige Schollen werden gleichsam abgesprengt und sinken im Frühjahr zum Strande ab. Auch die Kaninchenlöcher richten viel Schaden an.
Bei gutem Wetter zog unser einer Nachbar, Vadding Voß, morgens mit einer Kaffeeflasche und einem Berg Brot oder Stuten, wie man hier ein einfaches, gesüßtes Gebäck nennt, an den Strand. Dort wurden zum Schutz des Ufers Pfähle eingerammt und Buhnen gebaut, und zwar noch mit einer Handramme und einem hölzernen Rammbär.
Nachdem im Jahre 1872 die große Sturmflut über das Fischland gekommen war, an die sich die ältesten Leute heute noch mit Grauen erinnern, wurde der Uferschutz tatkräftiger aufgenommen. Das Fischland ist dadurch, wenn man es recht bedenkt, ein überaus kostspieliges Stück Erde geworden. Jeder Quadratmeter Boden, der auch nur für kurze Zeit der Gier der See entzogen bleibt, ist mit Gold aufgewogen worden, und die Geschichte des Küstenschutzes auf dem Fischland ist die des dramatischen Kampfes der Menschen gegen die Gewalt von Wasser und Wind. Unseren bis zu seinem letzten Atemzuge für die Erhaltung der Heimat unermüdlich wirkenden Düneninspektor Bernhard Seitz werden alle Fischländer in treuer, dankbarer Erinnerung behalten.

Die ersten Buhnenbauten bestanden aus einer Pfahlreihe, die vom Uferfuß bis zur Wasserlinie führte und sehr schnell wieder abmoderte. Dann wurden Seebuhnen gebaut, deren Landanschluß auch in kurzer Zeit wieder verging. Die Küstenströmung spülte nur um so eifriger das Land hinter den Buhnen ab. Man schlug darauf „Pfähle auf Lücken", das heißt, sie wurden in kleinen Abständen voneinander eingerammt, um die Strömung abzuschwächen, ohne doch den gesamten Druck des Wassers auffangen zu müssen. Diese Buhnen haben sich auf die Länge der Zeit am besten bewährt. Um 1900 herum wurden doppelreihige Pfahlbuhnen und ein Parallelwerk errichtet, so daß zur See hin offene Kästen entstanden. Die Zwischenräume zwischen den Buhnenreihen wurden mit Sandsäcken ausgefüllt. Tausende von Säcken wurden dazu verwendet. Nach kurzer Zeit spülte die See sie wieder frei. Später wurden doppelreihige Pfahlbuhnen weit in die See hinaus gebaut und mit Faschinen gefüllt, über denen Jochholz angespiekert wurde. Auch hier blieb der erhoffte Erfolg aus. Und so wurde kurz vor dem letzten Krieg noch einmal wieder mit einreihigem Pfahlbuhnenbau begonnen.
Anfangs war der Uferschutz nur unter dem Hohen Ufer angelegt worden. Es gab allein einen Übergang von wenigen Buhnen über die pommersche Grenze nach Ahrenshoop. Später mußte die ganze Ahrenshooper Bucht in die Schutzbauten einbezogen werden, und hier wurde allen Bemühungen ein neuer, geradezu vernichtender Schlag zuteil. Es trat urplötzlich im Jahre 1935 an unserer Küste die Schiffsbohrmuschel, auch Pfahlwurm genannt, auf und durchlöcherte im Laufe eines einzigen Sommers die dicken Pfähle so weit, daß sie wie Honigwaben aussahen. So ging man zum Bau von eisernen Buhnen über, deren Reste als eingedrückte rostbraune Wände nördlich vom Ahrenshooper Strand noch zu sehen sind.
Harte Arbeit ist beim Uferschutz am Strande des Fischlandes geleistet worden. Winter und Sommer, in Wetter und Wind, haben die Fischländer und aus der Umgegend hinzugezogene Arbeitskräfte an den Rammaschinen und auf den Buhnen gestanden, von der Brandung durchnäßt, vom eisigen Wind umweht. Immer neue Peilungen und Messungen wurden gemacht, immer neue Uferprofile gezeichnet. Gelang es an einer Stelle, einen Zuwachs des Strandes zu erzielen, kamen an anderer Stelle neue Rückschläge. Ein Allheilmittel zur Erhaltung des Fischlandes ist noch immer nicht gefunden worden. Der Rückgang

unseres Landbesitzes schreitet dauernd fort. Durchschnittlich gehen in jedem Jahr etwa ein bis zwei Meter Land verloren, und es ließe sich wohl errechnen, wann die See sich mit dem Bodden wieder vereint, von dem sie auf ihren letzten beiden alten Wegen am Wustrower Hafen und am Darßer Kanal unterhalb von Ahrenshoop abgetrennt wurde.
An unserer Boddenküste zeigt sich ein anderes Bild. Die Chronik vom Fischland berichtet, daß auf der Landzunge hinter dem Wäldchen von Wustrow, dem Krusenbrink, im Jahre der Cholera-epidemie 1832 etwa 30 Meter vom Ufer entfernt ein Seuchen-friedhof angelegt worden ist. 1850 bereits war an dieser Stelle der Bodden so weit vorgedrungen, daß das Wasser um die Gebeine der Toten spülte. Auf diese Tatsache geht wohl die verbreitete Ansicht zurück, daß das Fischland auch im Osten Landverluste erleidet.
Gewiß hat der Bodden hier und da wirklich etwas vom Fischländer Boden gewonnen, doch im ganzen gesehen haben wir tatsächlich an unserer Boddenseite einen Landzuwachs zu verzeichnen, und zwar verdanken wir ihn wohl in erster Linie der Vorsorge der Großväter der heute lebenden Fischlandgeneration. Diese Großväter haben nämlich unterhalb von Althagen erst das Rohr angepflanzt, das heute unsere Wiesen durch einen stattlich breiten Gürtel vom Bodden trennt. Sie haben diese Wiesen damit erst geschaffen.
Man kann es sich heute schon gar nicht mehr vorstellen, daß früher dort kein Schilf wuchs und der Bodden bis unmittelbar an unsere Gärten spülte. Für uns gehört dieses Schilf wie von alters her zum Fischland und seinem Bilde. Hinter diesem Schilfrand lagert der Bodden seinen Schlick ab; so wandert das Land langsam weiter hinaus.
Wir alle, die in Althagen wohnen, haben unbewußt auch an diesem Landzuwachs einen Teil, und zwar hängt das mit unserer mehr und mehr städtisch gewordenen Lebensweise auf dem Fischland zusammen. In früheren Zeiten hinterließ die bescheidene, naturgebundene Wirtschaftsform der Fischländer nur wenig Abfall im heutigen Sinn. Man aß keine Konserven, hatte also auch keine leeren Dosen zum Fortwerfen. Bei dem geringen Bestand an Haushaltgeräten in den Katen wurde jeder Teller, jede Schüssel bis zur letzten Scherbe, die noch der Katze auf dem Hof vorgesetzt wurde, benutzt. In einem Eimer, der Löcher hatte, bewahrte man etwas Trockenes auf, und zuletzt kam der Eimer-

rand noch im Garten über den Rhabarber. Es gab auch keine verrosteten Herde, wie man sie jetzt mitunter im Schilf am Bodden liegen sieht, denn die alten Herde waren vom Töpfer aus Kacheln gebaut. Ich kann mich aus meiner Kindheit nicht eines einzigen Schuttplatzes am Bodden erinnern. Inzwischen aber hat sich fast jedes Haus dort seinen Schuttplatz angelegt. Und nun vollzieht sich vor unseren eigenen Augen das Erstaunliche, daß diese häßlichen Abfallhaufen in kurzer Zeit zu Erde werden, daß selbst das Unvergängliche schließlich von einer neuen Erdkrume zugedeckt wird. Das bringt einen bescheidenen Ausgleich für die harten Verluste, die uns die See Jahr für Jahr an der Westküste des Fischlandes zufügt.

Als wir Kinder waren, erstreckte sich vom Althäger Hafen noch ein Wasserarm durch die Wiesen bis fast an das Ende des Dorfes; er ist inzwischen völlig zugewachsen. Damals war er tief genug, um mit kleinen Booten befahren zu werden. Die Anlieger des nördlichen Althagen waren also unterhalb ihrer Gärten und Wiesen noch unmittelbar mit dem Bodden verbunden, da dieser Wasserarm in das Hafenbecken einmündete. Die kleine Ostmole des Hafens, zu der man heute trockenen Fußes hinübergehen kann, ließ sich also nur mit einem Boot erreichen.

An diesem Wasserlauf warteten wir oft des Abends auf ein Irrlicht, das in Zusammenhang mit einem Totschlag gebracht wurde, der sich vor vielen Jahren dort ereignet hatte, und er diente uns als Ankerplatz für unser Boot. Der Vater hatte gleich nach seiner Niederlassung in Althagen eine bescheidene Segeljolle gekauft, die in dem Wasserarm vertäut lag. Es war das erste Segelboot in Althagen, das nicht zum Fischen gebraucht wurde, sondern zum Vergnügen da war. Darum war es in unserem ersten Fischlandsommer für die Dörfler eine Sehenswürdigkeit, wenn wir an unserem Landeplatz Segel setzten und zwischen dem hohen Rohr langsam dem Hafenbecken und dem Bodden zuglitten. Oft stand eine alte Frau, die Mutter Lütten hieß, am Ufer und rang die Hände und jammerte laut und angstvoll hinter uns her: „Dat Sägel is ja veel to groot! Dat Sägel is ja veel to groot! Dat is nich sägeln, dat is Gott versäuken!"

Mutter Lütten verstand den Mann einfach nicht, der das Leben seiner Frau und seiner Kinder ohne Not, leichtfertig, aufs Spiel zu setzen bereit war.

Unsere Existenz auf dem Fischland war überhaupt in den ersten Jahren vor allem für die alten Leute in unserer Nachbarschaft ein wenig rätselhaft. Sie begriffen nicht, was solch ein Mann, der in der großen Stadt Berlin wohnte, wo alles so fein und bequem sein sollte, eigentlich in einem armseligen Katen suchte, und warum er gleich anfing, sich selbst seinen Salat und seine Wurzeln zu ziehen. Da kam eines Tages unser Nachbar, der ehemalige Schiffskoch Vadding Voß, bedächtig angeschoben, trat im Flur aus seinen Holzpantoffeln, stieß sie gegen die Scheuerleiste, räusperte sich lange, drehte seine Mütze ein paarmal zwischen den Händen und sagte schließlich, vertraulich mit den Augen zwinkernd:

„Nu seggens mal, Herr Doktor, wat vör ein Doktor sünd Sei eigentlich? Minschendoktor sünd Sei nich, dat hew ich all markt, un Veihdoktor ook nich — un Fischdoktor — giff't denn dat?"

In der kleinen Küche bei Vadding Voß haben wir die schönsten Stunden unserer Kindheitsferien verlebt, und nichts zu Hause wollte uns so gut schmecken wie die dicke Milch in den großen, irdenen Schalen, die Mudding Voß vom Wandbrett über ihrer Bettstatt im Alkoven holte.

In jeder Landschaft, die etwas auf sich hält, gibt es eine Sage, die sich um irgendeine Merkwürdigkeit der Gegend gesponnen hat. Im niederdeutschen Flachland entstehen solche Sagen meist um eine Anhöhe, deren Ursprung den Bewohnern sagenhaft scheint. So ist es auch bei uns. Auch wir haben unsere Sage, und sie geht um den Hügel am Wustrower Hafen, auf dem die Fischländer Kirche steht.

Dieser Kirchhügel ist historisch unser Ausgangspunkt. Er ist aber auch die Stätte unserer Heimat, wo das Fischland sich vor unseren Blicken und vor unserer Seele entfaltet und seine traumhafte Schönheit ausströmen läßt. Diese Stätte ist ein Gottesgeschenk, zu der uns immer wieder die Sehnsucht ruft.

Blau liegt an einem Frühsommertag der Bodden mit seinen Buchten, in denen sich das gelbe Rohr vom letzten Jahr im leisen Ostwind wiegt. Blau breitet sich der unendliche Himmel aus, und über dem fernen weißen Dünenstreifen im Westen schaut blau die See zu uns herüber. Die Luft ist klar, dennoch ist das Land von einem hauchfeinen Schleier umwoben; so haben die Farben keine Härte, keine Sättigung. Sie sind durchscheinend wie die ferne, stille Welt. Man sieht wohl die Nebelsignalstation, die Dächer von Dierhagen und die wandernden Kühe auf den Wiesen, und doch ist die Welt so neu und unberührt, als käme sie soeben aus Gottes Hand. Um uns ist ein Schöpfungstag. Alles, was das Leben an Nähe und Härte bringt, sinkt zurück. Wir stehen entrückt am Anbeginn der Welt, und formen sich Worte, sind sie der Demut voll und besagen: „Wie schön! — Wie schön!“

Ein Jahrtausend und mehr an Zeiten der Kämpfe, der Not und des bitteren Leids ging auch über diese Stätte dahin. Es hat ihr keine harten Spuren eingraben können. Es liegt eine Unberührtheit über diesem Stückchen Land, das zwischen den Wassern nur wie sorgsam ausgespart scheint. Hier begreift man, daß das Fischland die Menschen niemals wieder freigibt, daß es sie einfängt, daß es sie in seiner Weise bildet. Das Fischland ist ein ewig junger Quell des Glücks und des Friedens, ein Traum und zugleich lebendige, blutvolle Wirklichkeit. Hier begreift man, daß

es soviel Treue und Liebe von Menschen erfährt, auch, daß wir es mit nichts in der Welt vergleichen können.
Unsere Sage von dem Hügel erzählt nun, daß in uralten Zeiten ein Riese mit Hilfe seines Schimmels in einer einzigen Nacht die ganze Anhöhe zusammengetragen haben soll. Es wird weiter erzählt, daß dieser Riese auf seinem Schimmel in der Nacht Krieg gegen die Feinde seines Heiligtums führte, und daß dieser Riese der Wendengott Swantewit persönlich war, der seinen Tempel verteidigte. Es geht also in der Fischländer Sage um die Entstehung des Hügels in Wustrow und um den Kampf der Wenden für ihren Kult.
Der Wustrower Kirchhügel muß tatsächlich künstlich geschaffen worden sein, denn Grabungen haben ergeben, daß sein Erdreich von anderer Beschaffenheit als die nächste Umgebung ist. Was wir sonst auf dem Fischland an kleinen Bodenerhebungen aufweisen können, ist von der Natur bewirkt worden. Auch der bescheidenste Hügel wird im Volksmund durch einen Namen geehrt. Hört man von den Fischländer Flurnamen, könnte man glauben, sich in einer Gebirgsgegend zu befinden, so oft kommt das Wort Berg oder Barg vor. Es wimmelt nach dem Volksmund förmlich auf dem Fischland von Bergen. So heißt der ein wenig ansteigende Acker in Niehagen vor der Hufe III der Voßbarg. Voßbarg heißt auch die Anhöhe am „Norderend" von Althagen, wo die Häuser die Landstraße nach Ahrenshoop verlassen. Das nur wenige Meter hohe Plateau vor dem Weg zum Althäger Hafen heißt Moehlenbarg. Dort wird also einstmals eine Mühle gestanden haben. Bekannt ist darüber nichts mehr im Dorf. Wir wissen nur noch um ein schönes Bauerngehöft, das kurz vor der Jahrhundertwende einem Blitzschlag zum Opfer fiel. Die Besitzer verzichteten darauf, an der alten Stelle wieder aufzubauen, und machten somit Platz für die einzige Villa, die bisher die rein ländliche Bauweise Althagens unterbricht.
In dem kleinen Ortsteil Fulge zwischen Alt- und Niehagen, der sich dicht am Bodden entlangzieht und durch eine Kette weiß verputzter neuer Häuser auffällt, die überall in der Welt besser stehen würden als gerade an dieser landschaftlich besonders begnadeten Stelle des Fischlandes, gibt es den Namen „Püttenbarg". Von einem Berg ist dort nicht das geringste zu finden. Man meint, daß dort einmal eine sehr bescheidene Bodenerhebung abgetragen worden sein kann. Der Name erhält heute seine Berechtigung nur noch durch die Pfützen, durch die sich Fulge an Regentagen

besonders auszeichnet. „Kösterbarg“ wird der westliche Teil Niehagens dicht beim Schulhause genannt.

Einen „Moehlenbarg“ gibt es auch in Wustrow, und zwar gegenüber dem alten Mühlengehöft am nördlichen Ausgang des Dorfes. Die jetzt in eine Karl-Marx-Straße umbenannte Bismarckstraße in Wustrow trägt an der Ecke zur Sackgasse den Namen „Sandberg“. „Stegberg“ heißt das Plateau, auf dem sich die Seefahrtschule erhebt. Den „Triftenbarg“ wird man ebenso vergeblich suchen wie den „Püttenbarg“. Er hat an der Strandstraße neben dem Hause des Dr. Lettow gelegen und kann nicht hoch gewesen sein. Jedenfalls ist nicht eine Spur mehr von ihm vorhanden. Auch der Backofenberg an der Ostseite Wustrows lebt nur noch in der Erinnerung weniger Leute fort. Er hatte seinen Namen von den beiden Backöfen des Dorfes, die von zwei Frauen verwaltet wurden. An den Tagen, an denen gebacken wurde, fanden sich die Wustrower, ihren Brotteig und ein Bündel Holz auf der Karre schiebend, dort zusammen.

Aber einen weithin sichtbaren Berg besitzt das Fischland doch, der durch ein trigonometrisches Zeichen deutlich hervorgehoben wird. Das ist der Bakelberg, der an dem schönen Strandweg am südlichen Ende Althagens, dicht am Hohen Ufer, liegt. Der Strandweg ist der alte Fischländer „Stadtweg“, den die Althäger wählten, wenn sie sich zu Fuß nach ihrer Stadt, nach Ribnitz, aufmachten.

Doch über all diesen Bergen dürfen der Kirchhügel in Wustrow und der Gott Swantewit nicht vergessen werden, weil sie uns an den Anfang unserer Fischlandgeschichte führen, in die Wendenzeit. Das Fischland ist altes Wendenland und trug bis zum Ende des Mittelalters den wendischen Namen Swante-Wustrowe, der „Heilige Insel“ bedeutet. Dieser Name soll ursprünglich nur dem Kirchhügel gegolten haben, der einmal ein Burgwall war. Er wurde dann für das ganze Dorf übernommen, soweit man sich nicht mit der Bezeichnung „Kirchdorf“ begnügte.

Von dem alten wendischen Heiligtum hat Probst Vermehren, der bis 1933 auf dem Fischlande amtierte und ein überaus gelehrter und heimatkundiger Mann war, eine Beschreibung gegeben. Ein Tempel aus Holz mit reichem Schnitzwerk und kostbaren roten Vorhängen soll es gewesen sein, in dessen Allerheiligstem das Bildnis des Gottes Swantewit, ausgestattet mit vier Köpfen, stand. Nicht einmal der Oberpriester durfte das Allerheiligste betreten,

damit die Gottheit nicht durch den Hauch des Sterblichen entweiht wurde. Dem Gott Swantewit war ein Füllhorn beigegeben, das an jedem Jahresfeste frisch mit Met gefüllt wurde; denn Swantewit hatte die Aufgabe, wenn am Ende der Welt die Sonne stürbe, die Seelen mit himmlischer Nahrung zu versorgen. Rund um den Tempel waren die Schädel der Pferde aufgerichtet, die dem Gott Swantewit geopfert worden waren. Nach allem, was man von ähnlichen wendischen Kultstätten weiß, wird auch auf dem Wustrower Kirchhügel ein überaus lebendiges und urwüchsiges Leben geherrscht haben.

Die Historiker des Fischlandes teilen unsere Geschichte in drei große Abschnitte ein. Der erste reicht bis zum Jahre 1328, in dem das Fischland in den Besitz des Klosters der Klarissinnen in Ribnitz kam. Der zweite umfaßt diese Klosterzeit. Die dritte Epoche beginnt 1669 mit der Übergabe des Fischlandes an das Domanium. Über jene alte Einteilung ist die Zeit nun erheblich fortgeschritten und hat für das Fischland wesentliche Veränderungen gebracht, so daß eigentlich um die Jahrhundertwende ein neues Blatt der Fischlandgeschichte beginnen würde.

Unter den Geschichtsschreibern des Fischlandes ist an erster Stelle der Seefahrtschullehrer an der einstmals Großherzoglichen Navigationsschule zu Wustrow C. I. F. Peters zu nennen. Er ließ im Jahre 1862 ein kleines Buch erscheinen: „Das Land Swante Wustrow oder das Fischland.“ Nach dieser bald hundert Jahre alten Veröffentlichung muß auch heute noch jeder greifen, der etwas vom Fischland wissen will; denn das Büchlein hat seine Bedeutung behalten. Es ist mehrfach aufgelegt worden, in den letzten beiden Auflagen von dem Lehrer Heinrich Lange bearbeitet und bis nahe an die Gegenwart fortgeführt. Es geht einem allerdings sehr eigen mit diesem Buch: immer wieder stellt man fest, daß es sich nicht richtig lesen läßt. Man kann seinen Inhalt nicht laufend in sich aufnehmen. Es enthält in gedrängtester Form eine Fülle von Material und bleibt ohne jede Anschaulichkeit. Trotzdem ist es bis heute unentbehrlich, wenn man sich über das Fischland orientieren will.

Der eigentliche Antrieb zur Entstehung dieses Buches ist überdies ein eminent fischländischer. Peters wollte einige über das Fischland verbreitete Irrtümer richtigstellen, vor allem die falsche Auffassung über die Grenzen und die Ausdehnung des Fischlandes selbst. Zum Fischland gehört nämlich nur der kleine Bereich zwischen den Wasserarmen des alten Wustrower Hafens und des Darßer Kanals. Es gehören weder die Ribnitzer Stadtwiesen dazu, auf denen sich dann das Ostseebad Ribnitz einrichtete, noch die Dörfer Dierhagen und Dändorf, auch nicht Ahrenshoop. Vor allem nicht Ahrenshoop. Die Ahrenshooper nahmen es allerdings mit dieser Grenze nicht immer so genau, aber den Fischländern war gerade diese Grenze eine Herzensangelegenheit und eine Gesinnungssache, für die Peters ihnen alle nötigen Unterlagen an die Hand gab.

Viel Fischländisches ist auch in der „Geschichte der Stadt und des Klosters Ribnitz“ zu finden, die Dr. phil. Paul Kühl 1933 zum 700jährigen Bestehen seiner Heimatstadt herausgegeben hat; ein umfangreiches und überaus fleißiges Werk, das aus vielen Quellen schöpft und einen anschaulichen Bilderanhang hat. Ribnitz ist von alters her für das Fischland die Stadt gewesen, die Stadt des Herbstmarktes, des Ferkelmarktes und des Amtsgerichts, die Stadt, in der man fertige Schuhe und fertige Kleider kaufen konnte, die eine Konditorei mit Spiegelglasfenstern und einem Goldfischbassin dahinter besaß. In Ribnitz gab es für die Fischländer Seeleute und ihre Angehörigen auch einen Bäcker, der im Winter eine besonders beliebte Übernachtung bot; er legte in die Betten zum Anwärmen weißgescheuerte Bretter, die im heißen Backofen aufbewahrt worden waren. Da überdies das Schicksal das Fischland auf Jahrhunderte fest mit Ribnitz verband, ist es klar, daß solch eine Chronik eine Fundgrube auch für Fischländer Dinge ist, ob es sich nun um Fischereigerechtigkeiten handelt

oder um Wiesenpacht oder um Verkehrsfragen. Allerdings haben die Gemeinsamkeiten zwischen Ribnitz und dem Fischland meist aus Streitigkeiten bestanden, jedenfalls in früherer Zeit.
Das kleine Buch des Doberaner Studienrats Dr. Ringeling „Fischländer Volk“ läßt teils chronikhaft, teils novellistisch in bunten Bildern das Werden des Fischlandes an uns vorüberziehen. Weil Dr. Ringeling als der beste Kenner der Geschichte der deutschen Segelschiffahrt gilt, dessen grundlegendes Buch über die Segelschiffahrt mit großem Verlangen erwartet wird, stehen in seinem „Fischländer Volk“ Schiffer und Schiffahrt natürlich an erster Stelle.
Nun gibt es außer dem umfassenden allgemeinen mecklenburgischen Schrifttum, in dem auch das Fischland behandelt wird, und vereinzelten prospektartigen kleinen Heften, die dem Fischland oder Ahrenshoop oder dem anliegenden Gebiet des Darßes gelten, noch einige Bücher über uns, die aber alle mehr oder weniger am Fischland vorbeireden, weil sie aus einem romantischen Überschwang heraus geschrieben sind; damit wird man dem Fischland nicht gerecht. Den Fischlandroman haben wir bis heute noch nicht bekommen. Es ist eigentümlich, daß er noch immer nicht geschrieben worden ist, denn was bisher den Anspruch darauf erhebt, ein solches Buch zu sein, konnte die Fischländer in keiner Weise befriedigen. Fast alle anderen deutschen Landschaften mit ausgeprägtem Wesen haben eine dichterische Gestaltung gefunden, die sie für das ganze Volk zu einem festen Begriff werden ließ. Wir auf dem Fischland hoffen noch immer darauf. An Stoff zu solch einem Buche fehlt es auf dem Fischland keineswegs. Im Gegenteil, es ist eine Überfülle an Stoff gegeben, denn jedes Haus und jede Familie ist an wechselvollen Schicksalen reich. Das Fischland scheint in dieser Beziehung sogar besonders bevorzugt zu sein. Man geht auf dem Fischland gleichsam zwischen lauter Romanstoffen einher, und an eigenwilligen Menschen wie abwechslungsreichen Geschehnissen ist bei uns wirklich kein Mangel. Alles fordert geradezu dazu heraus, gestaltet zu werden. Trotzdem hat sich bisher kein Mensch gefunden, dessen dichterische Kraft dieser reizvollen Aufgabe gewachsen wäre. Sie mag allerdings so groß sein, daß sie erschrecken kann. So blieb es bis auf den heutigen Tag den Malern vorbehalten, sich künstlerisch mit dem Fischland auseinanderzusetzen, und das haben sie seit Jahrzehnten mit unvermindertem Eifer getan. Die Maler haben das Fischland zu ihrer eigenen Domäne gemacht.

Es ist übrigens nicht einmal leicht, wie es auch diese kleine Heimatkunde beweist, dem Fischland mit einfachen Worten nahezukommen, auch wenn man sich nur um eine möglichst getreue Feststellung dessen bemüht, was als das Wesen des Fischlandes zu erkennen ist. Wer nun selbst mehr davon in Erfahrung bringen will, muß sich an das Wort von Luther halten: „den Leuten aufs Maul zu sehen". Das hat wie kein anderer Richard Wossidlo gekonnt. Die beiden Bände seiner mecklenburgischen Volksüberlieferungen, die sich mit dem Seemannsleben beschäftigen und den Titel haben „Reise, Quartier, in Gottes Nam", sind die beste und tiefste Quelle zum Verständnis der Menschen des Fischlandes. Man muß diese Bücher aber recht zu lesen verstehen, und das bedeutet in diesem Falle, man muß gut hören und auch gut fühlen können. Man muß bei den kargen, urwüchsigen und oft auch derben Worten in Ernst und Scherz das Herz finden, das hinter den Lippen schlägt. Und man muß in sich selbst den Boden sorgsam bereitet haben, um die Kostbarkeiten lebendigsten, ungekünstelten Lebens in rechter Weise empfangen und auswerten zu können. Dann finden wir bei Wossidlo das Fischland, wie es eigentlich ist.

Die Wendenzeit des Fischlandes liegt in tiefer Dämmerung. Das Fischland war von der übrigen Welt abgeschieden und im wesentlichen auf seine eigenen Lebensmächte und Triebkräfte angewiesen. Wir wissen von der Kolonisierung, die Heinrich der Löwe, und zwar Heinrich der Welfe, der Gegner von Barbarossa, im zwölften Jahrhundert auch in Mecklenburg betrieb, und von seinem Grundsatz, die dort ansässige wendische Bevölkerung nicht mit Stumpf und Stiel auszurotten, wie es das Ziel der Kolonisierung der brandenburgischen Mark war. Als Siedler brachte Heinrich der Löwe Westfalen, Friesen, Niederländer und Menschen vom Niederrhein in das bis dahin noch dünnbevölkerte Gebiet.

Urkundlich wird das Land Swante-Wustrow zum ersten Male 1235 genannt. Papst Gregor IX. bestätigte unter anderen Landschaften auch Wustrow als Schutzgebiet des Klosters Dünamünde in Livland.

1235 — was geschah damals in der übrigen deutschen Welt? Es ist verlockend, sich danach einmal ein wenig umzusehen.

In jenem Jahrhundert baute der Hohenstaufe Friedrich II. das Kunstwerk seines sizilianischen Staates, der Vorbild für manche späteren Staatengebilde geworden ist. Walther von der Vogel-

weide stirbt 1230. Im Norden Deutschlands wird durch den Zusammenschluß von Lübeck und Hamburg der Anfang zur Hanse gemacht. In Naumburg werden die Figuren der Stifter geschaffen. Wir stehen kurz vor der Grundsteinlegung des Kölner Doms.
Von uns auf dem Fischland ist aus jener Zeit herzlich wenig zu melden. Die frühe wendische Epoche lebt aber noch heute unter uns fort, und zwar im Antlitz und in der Gestalt der Menschen, die uns auf dem Fischland begegnen, und in ihren Namen.
Im letzten Jahrhundert sollen die Leute auf dem Fischland fast alle „Klas" geheißen haben, wie es die folgenden Zeilen Fritz Reuters vermelden:

Up Fischland is't en wohren Spaß,
Dor heiten s' altausamen „Klas".
„Klas, segg mal, Klas", so fröggt de Ein,
„Klas, hest du minen Klas nich seihn?"
„Ja", antwurt't denn de Anner, „Klas,
Din Klas, de gung mit minen Klas
Tausamen nah Klas Klasen sinen Klas."

Dieser Vorname ist heute so gut wie ausgestorben. Er findet sich auch in der älteren Generation nicht mehr. Vielleicht hat Reuter mit dem Namen Klas nur ein Beispiel dafür geben wollen, daß auf dem Fischland auffallend viele Menschen dieselben Namen tragen; da ist es für die Volkskunde wirklich ein Glück zu nennen, daß Familiennamen nicht so leicht auswechselbar sind wie Vornamen und sich gegenüber allen Modeströmungen als wetterfest erweisen. Denn die alten schönen Fischländer Vornamen sind mehr und mehr aus der Mode gekommen. So kann man den Vornamen Tönnies, die niederdeutsche Form für Anton, die früher sehr häufig bei uns war, kaum mehr finden. Daniel, Hansing und Heine sind hinter Burkhardt und Eckhardt verblaßt. Die Mädel heißen nicht mehr gern Hanning und Alma, sondern lieber Monika oder Ehrentraut, woraus sogar Ehrentrauting werden kann. Doch nicht die Vornamen, sondern die Familiennamen erinnern uns an unsere wendische Vergangenheit. Es tragen zwar durchaus nicht alle Fischländer die Namen Fretwurst und Bradhering, die jedem Fremden aufs neue ein kindliches Vergnügen bereiten. Man heißt auf dem Fischland auch Buhrow, Konow, Paetow und Pieplow, so wie Dillwitz, Permien, Staben und Zeplien. Alle diese Namen stammen aus der Wendenzeit. Ehe nun durch die Sommerhäuser der Städter auch junge Hausgehilfinnen aus allen Gegenden Deutschlands auf das Fischland kamen, die in Bausch und Bogen „Berliner Köksch" genannt wurden, sich gern auf dem Fischland verheirateten und dadurch frisches Blut in die Familien brachten, ließen sich deutlicher noch als heute die Germanen und die Slaven unterscheiden, und zwar vor allem bei den Frauen. Es gab die auffallend schlanken, hohen, blonden Gestalten mit den bedächtigen Bewegungen, daneben die kleineren, dunkelhaarigen, mit den wachen braunen oder grauen Augen und dem flinken Gang. Übrigens haben die Männer auf dem Fischland, soweit sie seit Generationen dem Schifferstande angehören, einen eigenen Typ entfaltet. Es scheint tatsächlich so, als wenn der Beruf des Seemanns nicht nur den wiegenden Gang bringt, sondern auch kurze, gedrungene Gestalten. Fischländer Schiffer sind an ihrer Erscheinung schon von weitem zu erkennen, selbst wenn das goldene Linienzeichen auf ihrer Schiffermütze schon lange stumpf geworden ist, der einstmals tadellose, zweireihige blaue Rock abgescheuert und voller Beulen und Falten.

Von den drei Dörfern des Fischlandes ist Wustrow mit seinem wendischen Namen das älteste. Althagen und Niehagen sind erst später entstanden. Sie sind, wie ihre Namen verraten, Rodungsdörfer. Es muß also einmal Wald dort gewesen sein, wo sie heute liegen. Während Wustrow in seiner Anlage noch ein halber Rundling ist, nach wendischer Art gebaut, zeigen Alt- und Niehagen die typische Form der Straßendörfer. Sie verkörpern gegenüber dem alten Fischländer Wendentum die neue Zeit der niedersächsischen Kolonisation. Wenn man über das Fischland geht, von Wustrow zum Bahlenbrink ansteigt, Niehagen vor sich sieht, zum Bodden hinunterwandert und nach Althagen einbiegt, kann man an dem, wa's die Augen schauen, wie im Buch der Geschichte lesen. Man muß nur ein bißchen die Sprache der Häuser und die Sprache, die ihre Lage spricht, verstehen.

Althagen ist nicht als ein Anhängsel von Wustrow anzusehen. Dieses Dorf wuchs unabhängig von Wustrow auf dem Fischland als eine eigene Welt. Es führte von Anfang an sein Leben auf eigenem Fuß. Das ist bis auf den heutigen Tag so geblieben. Und wenn auch der Althäger genau so gut wie der Wustrower ein Fischländer ist, so ist es doch jeder auf seine eigene Weise, und jeder hat seinen besonderen Stolz. Beide Dörfer weichen im Lebensstil und sichtbar im Baustil voneinander ab. Niehagen dagegen wuchs bis auf die uralten Gehöfte, die an seiner südlichen Grenze tief unten am Bodden liegen und für die Fritz Koch-Gotha den Namen „Die Germanenhöfe“ prägte, aus Althagen wie ein junger Zweig heraus. Es war neben dem alten Hagen das neue Hagen, das in enger Beziehung zu diesem entstand. Niehagen war also das Neue. Man sieht auf den ersten Blick, wieviel geräumiger seine Besiedlung ist. Die Häuser und Grundstücke liegen nicht mehr wie in Althagen engbrüstig nebeneinander, als suchte jedes von beiden Seiten Wärme und ein bißchen Schutz und fühlte sich nur in Nachbarschaft geborgen und wohl. Sie sind, verglichen mit Althagen, geradezu kühn und freiheitlich verstreut. Es ist somit durchaus verständlich, daß eine Kapitänsfrau aus Niehagen, die ihre Kinderjahre in Althagen verlebte, mit absoluter Sicherheit sagen konnte: „Daß wir dann nach Niehagen zogen, war für uns schön. Denn in Niehagen war alles schon mehr fortschrittlich.“ Es weht in Niehagen eine andere Luft als in Althagen. Wir auf dem Fischland spüren das genau und erleben das Tag für Tag neu.

Nun ist das Fischland aber nicht etwa von jenem Jahr 1235 an, als es zu dem Orden der Zisterzienser in Dünamünde kam, bis zum Anfang seiner Ribnitzer Klosterzeit immer in denselben Händen geblieben. Es wurde von den hohen Herren, die schon damals die Welt immer wieder neu unter sich verteilen durften, hin und her geworfen wie ein Ball. Der Fischländer hat davon wohl nicht allzuviel gemerkt. Immerhin ist das Fischland eine Zeitlang der dänischen Krone untertan gewesen und wurde darauf ein Pfand in Händen eines Herrn Reimar Preen. Dann kam es unter die Herrschaft des Fürsten Heinrich des Löwen, der 1287 die Regierung von Mecklenburg übernahm. Heinrich der Löwe machte es zum Klostereigentum. Das Fischland diente als Sühneopfer für seine Schulden und seine Schuld.

Der Mecklenburger Heinrich der Löwe hatte sich an Kirchengütern vergriffen, da er anders seine durch Kriege entstandenen Schulden nicht bezahlen konnte. Der Bann des Bischofs von Ratzeburg war bereits über ihn gefallen, und er stand bei der Geistlichkeit in schlechtem Ruf. Um sich wieder reinzuwaschen, stiftete er auf Bitten seiner Gemahlin dem St.-Klarenorden ein Kloster in Ribnitz und stattete es mit reichen Gaben aus, zu denen auch das Fischland gehörte. Nach einer Ribnitzer Klosterchronik aus dem 16. Jahrhundert des Franziskaners Lambrecht Slagghert, der zum Lesemeister der Heiligen Schrift für das St.-Klarenkloster in Ribnitz gewählt worden war, wurde Heinrich der Löwe durch einen Traum, „ein gräßlich gruwesam Gesicht", zu diesem Sühneopfer gebracht. Ein heiliger Engel des Herrn erschien ihm, der in der Rechten ein Schwert trug und in der Linken sein Herz und seine Seele, an eine Kette gebunden. Dieser Engel wollte ihn den Krallen des Teufels entreißen, um ihn in die himmlischen Höhen zu ziehen. Das Bild dieses Traumes ließ Heinrich in Gold und Silber auf seine Tasche sticken, die er fortan immer bei sich trug und die nach seinem Tode als Andenken der Sakristei der Ribnitzer Klosterkirche übergeben wurde.

intausend Mark lübischer Pfennige war das ganze Fischland samt Strandgerechtigkeit im Jahre 1328 wert, als es dem Kloster geschenkt wurde. Bezahlt wurde dieser Kaufpreis allerdings nicht; Heinrich der Löwe hatte nämlich das Geld gerade nicht zur Hand. Aber am Tage vor seinem Tode ließ er dem Kloster diese Summe noch aushändigen. Durch die Eingliederung in den Klosterbesitz kam das Fischland in die Klosterakten und in die verschiedenen Inventarien, die das Kloster über sein Eigentum aufstellen mußte. Auch aus Slaggherts Chronik und aus den Papieren der Stadt Ribnitz werden uns nun Einzelheiten über das Fischland bekannt, von denen wir ohne seine Verbindung zu Ribnitz gewiß niemals etwas erfahren hätten. Wir können allerdings ein zusammenhängendes Bild von dem Fischland in jenen Jahrhunderten nicht gewinnen. Aber es huscht gleichsam immer wieder vom Rande der Stadt Ribnitz aus ein Lichtschein über unsere Heimat dahin.

Im ganzen gesehen war die Klosterepoche für das Fischland wohl keine schlechte Zeit. Seine Abgeschlossenheit hat dem Fischland immer einen gewissen Grad persönlicher Freiheit belassen. Außerdem hatte das Fischland das Glück, nur selten in die Händel einbezogen zu werden, die ununterbrochen zwischen dem Kloster und der Stadt Ribnitz ausgetragen wurden, und das große Fischländer Projekt dieser Jahrhunderte, der Hafen südlich von Wustrow, war im Grunde mehr für die Stadt Ribnitz eine Lebensfrage als für die Bewohner der Fischlanddörfer. Die Fischländer haben bewiesen, daß sie sich auch ohne einen solchen Hafen Seegeltung verschaffen konnten.

Der Rat der Stadt Ribnitz und ihre Bürger haben sich vom ersten Tage an gegen die Stiftung Heinrichs des Löwen aufgelehnt. Nicht aus religiösen Gründen bereiteten sie dem Kloster einen sehr unfreundlichen Empfang, aber sie fürchteten für ihre Privilegien. Da der Vertrag zwischen Kloster und Stadt über die Rechte beider Parteien bei der Einverleibung des Klosters noch nicht unterschrieben war, sperrten die Ribnitzer dem Bischof von Schwerin einfach das Stadttor. Sogar vor der heiligen Handlung in der Kirche wäre es fast zu heftigen Auseinandersetzungen gekommen. Rat und Bürger taten jedenfalls alles nach ihren besten

Kräften, um die Klosteranlage zu behindern und den Klosterinsassen das Leben zu vergällen. Sie verweigerten das Baumaterial für die Klostermauer. Sie schlugen auf dem Zufahrtsweg zu den Klosterwiesen dicke Pfähle ein, damit das Heu von dort nicht abgefahren werden konnte. Wenn sich die Nonnen zur Nachtruhe in ihren Schlafsaal begeben hatten, stellte sich der städtische Nachtwächter vor den Fenstern auf und sang unanständige Lieder. Die Bürger der Stadt grölten im Chor mit.
Ribnitz kann also für die Nonnen und die übrigen Klosterbewohner nicht gerade ein freundlicher Aufenthaltsort gewesen sein. Gewiß gab es ruhigere Zeiten, wenn gerade einmal ein besonders krasser Streitfall zwischen Kloster und Kirche beigelegt worden war. Aber gleich brach der Zank an irgendeiner anderen Stelle wieder aus. Mal ging es um Bier, das die Ribnitzer auf dem Fischland verkaufen wollten und das die Nonnen als eine unberechtigte Konkurrenz für den Ausschank des Wustrower Krugs ansahen, an dessen Umsatz sie beteiligt waren. Mal war es der Fang der Althäger Fischer, auf den die Nonnen das Vorkaufsrecht besaßen und den die Ribnitzer mit besonderem Vergnügen dem schwarzen Markt zuleiteten. Und wenn den Ribnitzern die Galle überlief, benahmen sie sich wie Kinder. Sie zogen auf das Fischland und zertrampelten dort das Getreide auf den Feldern. Sie konnten es nicht mit ansehen, daß das Kloster durch seine reichen Besitztümer und Rechte in großem Wohlstand lebte.
Eines dieser vornehmsten Rechte war die Strandgerechtigkeit, der Anspruch auf alles Wrackgut, welches die See am Strande anspülte. Von dieser Strandgerechtigkeit des Klosters wird auch heute noch gelegentlich auf dem Fischland gesprochen, und es steht urkundlich fest, daß in einem Fall die Nonnen sogar immer noch auf ihrem Schein bestanden, als selbst weltliche Fürsten aus Gründen der Menschlichkeit und der Nächstenliebe bereit waren, zugunsten der Schiffbrüchigen auf ihr Recht zu verzichten. Es steht auch fest, daß in früheren Zeiten in der Wustrower Kirche, wie in anderen Kirchen an der Küste, für einen gesegneten Strand gebetet worden ist, und daß in Mecklenburg gegen diese Fürbitte erst im Jahre 1777 ein Verbot erlassen worden ist. Aber von der weitverbreiteten Ansicht, daß dieses Gebet niemals etwas anderes bedeutet hätte als die Bitte um recht zahlreiche und ertragreiche Schiffbrüche, wird jeder zurücktreten, der das Fischland und seine seefahrende Bevölkerung kennt. Kein denkender Mensch wird glauben, daß auf dem Fischland, seit es dem Kloster nicht mehr

zugehörte, in der Kirche für den Untergang von Schiffen gebetet worden sein kann. Denn die Fischländer besaßen selbst eine ansehnliche Flotte, die von Fischländern geführt und gefahren wurde. Wohl ist für den Strand, für den Fischfang und für die Fahrensleute in der Wustrower Kirche bis in die Gegenwart hinein gebetet worden. Aber das ist anders zu verstehen. Vor dem Altar in Wustrow wurde im Namen der Seeleute „der Herr auch über die Meere" angerufen: „Du wollest sie alle in Deinen gnädigen Schutz nehmen und wohl ausrichten lassen, wozu sie ausgesandt sind. In Sturm und Gefahr laß sie ihre Zuflucht zu Dir nehmen, und wenn sie Dich anrufen in der Not, so wollest Du sie gnädig erhören."

Auch des Fischfanges wurde vor dem Altar gedacht. Für die Fischer wurde gesprochen: „Laß sie auf Dich sehen, die hier in diesen Gewässern ihre Netze auswerfen, segne Du das Werk ihrer Hände und laß sie mit Dank empfangen, was Du ihnen beschert hast."

Der im Felde in Rußland gefallene Fischländer Pastor Hans Erich Hurtzig hat mehrfach die Bitte für den Strand und ihre Auslegung zum Thema eines Gemeindeabends gemacht. Ihm, der nur sieben Jahre auf dem Festland wirken durfte, ist es zu danken, daß das Fischländer kirchliche Leben wieder den Anschluß an die früheren Zeiten fand. Die alten Leute erzählen heute noch gern, wie um die Jahrhundertwende der Landweg von Althagen nach Wustrow am Sonntagmorgen schwarz von Kirchgängern war. Auch die Winterkälte hielt die Fischländer nicht vom Kirchenbesuch zurück. Sie machten sich mit einem Säckchen heißer Sauerkirschsteine, an dem sie sich in der Kirche die Füße wärmten, auf den Weg. Der Gottesdienst dauerte damals fast zwei Stunden, und viele Familien haben an hohen Festtagen die Kirche vormittags und auch zur Vesperzeit aufgesucht. Die Fischländer Seemannsfamilien hielten fest an dem Brauch, vor der Ausfahrt der Seeleute im Frühjahr gemeinsam das Abendmahl zu nehmen, und die Seekiste des Schiffsjungen enthielt das Gesangbuch als genau so unentbehrlichen Teil der Ausrüstung wie die handgestrickten Strümpfe und das solide Unterzeug.

In vielen Fischlandhäusern, vor allem in den kleinen Katen, steht heute das Bild des Fischlandpastors Hurtzig unter dem eingerahmten Konfirmationsblatt auf der Kommode neben den Bildern der gefallenen Söhne und der auf See gebliebenen Väter. Es zeigt bei aller Jugend eine ausgesprochene Persönlichkeit. Augen, die tief unter fast zusammengewachsenen Augenbrauen liegen und tief zu schauen wissen. Ein großer, lebendiger Mund und ein scharfgeschnittenes Kinn von eiserner Willenskraft. Und über dem Ganzen eine hohe und zugleich breite Stirn, hinter der Klarheit und Güte wohnen. Pastor Hurtzig war dem Fischland nur kurze Zeit gegeben, aber er war für diesen Boden wie ein Samen, der, in Zeitlichkeit eingesenkt, nach früher Vollendung des Sämanns zu reicher Blüte und Frucht reift. Eine Gedenktafel für Hans Erich Hurtzig, entworfen und ausgeführt von der Ahrenshooper Bildhauerin Dora Oberländer, wurde im Sommer 1947 in der Wustrower Kirche an der Orgelempore angebracht.

Das Besitzrecht am Strandgut, von dem wir den Ausgang nahmen, ist dann 1875 durch eine Strandungsordnung geregelt worden, die für die Fischlandküste besondere Bedeutung hat, weil wir auch heute trotz der Leuchtfeuer am Darßer Ort und in Warnemünde, auch trotz der Wustrower Nebelsignalstation immer wieder Strandungen erleben. Das ist durch die vorgeschobene Landspitze vom Darß und durch die Strömung aus dem Belt in der Wustrower Bucht zu erklären. So war es gegeben, daß die „Deutsche Gesellschaft zur Rettung Schiffbrüchiger“ bis in die Gegenwart hinein in Wustrow eine Rettungsstation unterhielt, die, mit dem besten Material ausgerüstet, der Stolz des Fischlandes war.

Die letzte große Strandung geschah 1918, als der etwa 4000 Tonnen große schwedische Frachter Falkland bei Darßer Ort auf Land geriet. Nachdem der größte Teil der Ladung gelöscht werden konnte und der Dampfer wieder flott zu werden schien, setzte er noch einmal auf Grund und brach in der Mitte durch. An unsere Küste treibt auch häufig Schiffsgut an, für das der Fischländer sehr empfänglich ist und das er als ein ihm zukommendes Geschenk ansieht. So fand einmal mein Nachbar, ein alter Fischer,

kurz vor Ahrenshoop einen angespülten Holländer Holzschuh, den er sogleich anprobierte und der ihm großartig paßte. Wo der eine ist, kann der andere auch nicht weitab sein, dachte er. Wenn einer angekommen ist, kann der zweite nicht lange auf sich warten lassen, meinte er. So nahm er den einen Holzschuh in die Hand und sockte, der Strömung folgend, nach Nordwesten den Strand entlang. Er ging mehrere Stunden und war schließlich nicht mehr weit vom Darßer Ort. Aber er gab es nicht auf. Endlich tat die See, was sie ihm schuldig schien, und schenkte ihm auch den zweiten Holländer Schuh.

Von den Prerowern wird hier auf dem Fischland eine Geschichte erzählt, die aber ebensogut auch in Prerow von uns erzählt werden könnte, denn wie für den Prerower gibt es auch für den Fischländer kein Halten, sobald es etwas zu bergen gilt: Da ist also ein Prerower Schiffer gestorben, kommt an die Himmelstür und möchte gern hinein, aber Petrus bedeutet ihm, daß der Himmel bereits überfüllt sei, es säßen auch schon genug Prerower drin. So bittet denn der alte Seemann, Petrus möge ihn doch wenigstens einmal durch einen Spalt der Himmelstür hineinsehen lassen. Als darauf Petrus, gutmütig, wie er ist, die Tür wirklich ein wenig öffnet, ruft der Prerower aus voller Kraft: „Schipp up Strand!“, und im selben Augenblick sind alle Prerower aus dem Himmel verschwunden. Für den Neuankömmling ist nun reichlich Platz.

Aus dem Zeitalter der Reformation, das die Säkularisierung vieler Kirchen- und Klostergüter brachte, stammen Inventarien des Ribnitzer Klosters, die etwas über die Besiedlung des Fischlandes aussagen. So wurden im Jahre 1516 die Fischlanddörfer mit ihren damaligen Namen aufgezählt, und zwar Kirchdorf, Oldenhagen, Nygenhagen und Beyerstorp; das kleine, östlich vom Wustrower Hafen gelegene und der Wustrower Gemeinde angeschlossene Barnstorf. Das Ribnitzer Kloster hat sich lange gegen die Reformation gestemmt; keinem Lutheraner wurde erlaubt, in Ribnitz zu predigen. Das Kloster widersetzte sich auch noch, als der mecklenburgische Herzog Johann Albrecht I. vor dem Kaiser sein Bekenntnis zur lutherischen Kirche ablegte. Schließlich wurde 1572 auch Ribnitz mit anderen Klöstern des Landes den Landständen überwiesen. Doch die damals amtierende Äbtissin Ursula behielt für den Rest ihres Lebens ungeschmälert das Recht am Klostereigentum, obwohl sie eine der hartnäckigsten Katholikinnen war. Diese Äbtissin Ursula, eine Tochter Heinrichs I., muß eine Frau von ungewöhnlich hohen Gaben gewesen sein. Auf dem Epitaph in der Ribnitzer Klosterkirche, auf dem sie unter dem Wappen ihrer sechzehn Ahnen in der Tracht des Klosters liegt, steht die Inschrift: „Einer verständigen, gottesfürchtigen, demütigen Fürstin, die mit aller christlichen Tugenden Exempel und Vorbild ihrem ganzen Konvent und anderen vorgeleuchtet." Mit 28 Jahren war Prinzessin Ursula zur Domina in Ribnitz berufen worden. Im Jahre 1577, und zwar am 28. Februar, unternahm sie eine Visitation der Kirche in Wustrow, wobei sie „daselbst 5 nacht gelegen mit allem Volke". Bei dieser Winterreise auf dem Fischland stand sie im 67. Lebensjahr, war also eine nach damaligen Begriffen alte Frau, und man ist immer wieder versucht, sich vorzustellen, wie diese Fischlandfahrt sich wohl abgespielt haben mag. Denn solch eine Winterreise von Ribnitz nach Wustrow ist auch heute für uns, selbst wenn wir mit hohen Schaftstiefeln und Skihosen ausgerüstet sind, keine Kleinigkeit. Äbtissin Ursula aber wird ganz gewiß niemals etwas anderes getragen haben als das vorgeschriebene lange Ordensgewand mit der Halsbinde unter dem auch die Schultern bedeckenden Kopftuch. Ein Pferdeschlitten wird sie über das Land bis nach Swante Wustrow gebracht haben, genauso, wie auch wir heute im Winter das Fischland erreichen, wenn keine Segelschlittenfahrt über den Bodden möglich ist. Nur muß man bedenken, daß es westlich von den Ribnitzer Stadtwiesen noch keinen Deich gab, hinter dem ein Gefährt ein wenig Schutz finden kann, so daß Schnee und Sturm genauso ungehindert über das Land dahinfegen konnten, wie über Bodden und See.

Wenn dieser Äbtissin auch der Ruf einer hochgesinnten Frau vorangegangen sein mag, so ist doch wahrscheinlich, daß die Fischländer sie nicht mit offenen Armen, sondern mit der gleichen kühlen Zurückhaltung aufgenommen haben, die sie allen von auswärts Kommenden gegenüber zeigten, bis sie durch den Badeverkehr lernten, in den Fremden Gäste zu sehen, an denen man verdient. Seit es eine Eisenbahn nach Ribnitz gibt, hat der Fischländer für alle, die nicht auf dem Fischland geboren sind, eine Bezeichnung gefunden, die ihren Abstand deutlich macht. Sie sind „Isenbahner". Das gilt bis auf den heutigen Tag von allen Fremden. Daran wird sich wohl auch nichts mehr ändern. Und der Eisenbahner tut am besten, sich damit abzufinden.

Das Visitationsprotokoll der Äbtissin Ursula enthält das erste Namensverzeichnis der Wustrower Einwohnerschaft; aus den Angaben über ihre Beschäftigung geht hervor, daß die Wustrower im allgemeinen Bauern waren, die neben ihrer Landwirtschaft auch etwas Fischerei betrieben. Die Fischerei scheint also auch damals mehr eine Domäne der Althäger und Niehäger Leute gewesen zu sein. Wir haben verschiedene Nachrichten über die Fischereigerechtigkeit des Klosters auf dem Saaler Bodden, die Festlegung der Fischereigrenze zwischen Pommern und Mecklenburg bei offenem Wasser und bei Eis. Immer ist in erster Linie von den Fischern aus Althagen und Niehagen die Rede. Die Wustrower kommen erst hinterher. So steht es auch heute noch bezüglich der Fischerei auf dem Bodden und am Strande. Während Wustrow nur eines der großen Zeesenboote mit dem Schleppnetz hat, besitzt Althagen eine kleine Flotte davon. Der Wustrower hat zwar auch viel am Strande gefischt, vor allem, als die großen Heringszüge noch an unsere Küste kamen. Aber die Zeesenfischerei war bei den Wustrowern nie beliebt. Das ist eine Sache

weniger für Kapitäne als für ehemalige Matrosen, und Wustrow ist nun einmal vornehmlich der Sitz der Schiffer.
Nachdem schließlich nach dem Tode der Äbtissin Ursula das Fischland in weltliche Hände überging, wurde noch einmal ein umfassendes Inventarium angelegt. Es erwies sich, daß Althagen damals von allen Fischlanddörfern die größte Zahl Bauleute, wie man die Bauern nannte, besaß. Es hatte Wustrow überflügelt, obwohl Wustrow über eine größere landwirtschaftliche Anbaufläche verfügte, deren Einteilung in Hufen, Viertel und Morgen angegeben wurde. Ebenso hören wir Genaues von den Abgaben an Naturalien und den persönlichen Dienstleistungen der Fischländer bei der Jagd auf dem Darß. An ein Abgabesoll sind also die Fischländer von früh an gewöhnt.
Als das Fischland an das Domanium kam, brachte es seinem neuen Besitzer eine etwas unbequeme Gabe mit, das noch ungelöste Problem des Ostseehafens, mit dem man sich schon jahrhundertelang herumgeschlagen hatte und das bis heute weder gelöst noch absolut endgültig begraben worden ist.
Ich kann mich aus meiner Kindheit erinnern, daß ab und zu über die Anlage eines Seehafens unterhalb von Wustrow gesprochen wurde. Es war sogar einmal von einem Torpedoboothafen die Rede. Selbst wir Kinder erschraken davor, denn ein Seehafen hätte das Ende der Unberührtheit und ländlichen Stille des Fischlandes bedeutet. Wir malten uns manchmal aus, wie alles werden würde, wenn wirklich der uralte Hafen südlich von Wustrow wieder geöffnet würde. Wir sahen dort, wo die Wiesen mit den Herden still unter der Sommersonne ruhen und der Seewind die Wollgrasfahnen wehen läßt, wo die Heide in dicken kleinen Polstern blüht und im Schutz des Deiches die Reste verkrüppelter Weiden stehen, — dort sahen wir Hafengetriebe mit Brücken und Bauten, mit einem Gewimmel von lauter fremden Menschen, mit qualmenden Schornsteinen und kleinen schäumenden Barkassen.
Heute erkennen wir, daß das nimmer ruhende Hafenprojekt ein Kernproblem des Fischlandes ist, um dessen Verwirklichung im Interesse der Schiffahrt und Fischerei immer wieder Gedanken und Pläne kreisen. Selbst die Frage der Erhaltung unserer bedrohten Küste wird damit in Zusammenhang gebracht.
Das Fischländer Hafenprojekt wird von den Ribnitzern als eine beschämende Kette verpaßter Gelegenheiten angesehen. Ribnitz hat eine Seestadt werden wollen, Wismar und Rostock vergleichbar. Das wäre es auch geworden, wenn der Neid vor allem der

Rostocker nicht jede Entwicklung in dieser Richtung mit allen Mitteln erstickt hätte. Ribnitz hatte seinen Hafen auf Wustrower Gebiet, im Zuge jener heute ganz flachen Bucht, die den Namen Permien trägt und gelegentlich auch noch „der alte Hafen" genannt wird. Dort hatte die Recknitz eine Mündung zum Meer. Und wenn man sich die südliche Grenze des Fischlandes genau ansieht, kann man noch Spuren dieses alten Wasserweges und seines Ausbaus für die Schiffahrt entdecken.

Urkundlich ist dieser Hafen am Anfang des 14. Jahrhunderts nachgewiesen. Zur Zeit der Vitalienbrüder soll er ein berüchtigter Schlupfwinkel für die Likendeeler gewesen sein. Nicht nur Prerow, auch Wustrow bewirbt sich übrigens um die Ehre, Störtebecker und seinen Goedeke Michael beherbergt zu haben. Eine kleine Anhöhe in Wustrow heißt heute noch im Volksmund „Störtebeckers Utkiek". Auch der alte Hafen wird gelegentlich „Störtebecker Hafen" genannt. Jedenfalls besaßen damals nicht nur die Vitalienbrüder, sondern auch die Ribnitzer für ihren Handel einen brauchbaren Zuweg zur See, und die Fischländer verfrachteten über diesen Hafen Korn nach dem Westen. Dieser Kornhandel der Fischländer erregte den Neid der Rostocker und Lübecker in nicht geringerem Maße, als es der Seehandelsehrgeiz der Ribnitzer an sich schon tat. Die Hansestädte stellten die Rechte ihrer privilegierten Häfen einem solchen Hafen gegenüber, der mit keinen Privilegien ausgestattet war. Die Kornausfuhr gab sogar noch einige Jahrhunderte später den Anstoß dazu, daß auf dem Fischland Generationen von Schiffbauern und Reedern heranwuchsen, die das ruhmreichste Kapitel der Fischländer Heimatgeschichte geschrieben haben.

Im Kampf gegen Störtebecker und gegen die Seeräuberei wurde der alte Hafen am Permien so gründlich zerstört, daß den Ribnitzern und Fischländern für ihre Ausfahrt zur See nur die nördliche Recknitzmündung blieb, der Darßer Kanal unterhalb Ahrenshoop. Aber gleich waren die Rostocker wieder zur Stelle und zerstörten auch hier alle Hafenanlagen.

Das Problem des Ribnitzer Hafens hat weiteste Kreise bewegt. Selbst eine Persönlichkeit wie Kaiser Karl V. wurde in dieser Sache bemüht, der den Mecklenburger Herzog Albrecht VI. in seinen Versuchen, den Hafen erneut schiffbar zu machen, verständnisvoll unterstützte und nichts dagegen einzuwenden fand, daß Ribnitz eine Seestadt werden sollte.

Aber es sieht tatsächlich so aus, als hätte das Fischland um jeden Preis seine Abgeschiedenheit behalten sollen, wie auch der Kleinstadt Ribnitz bis auf den heutigen Tag kein anderes Aushängeschild gegeben worden ist, als seine idyllische Lage am Saaler Bodden. Im 18. Jahrhundert ist zwar noch einmal ein Durchstich am Permien in Angriff genommen worden, aber heute wandern wir alle trockenen Fußes auf unserer Chaussee über die Stelle, wo einmal der „Portus am Meer“ gewesen ist.

Es wäre durchaus denkbar gewesen, daß Ribnitz ein Tor zur Welt geworden wäre. Für Ahrenshoop kann man sich das allerdings nicht vorstellen, dennoch war für Ahrenshoop in früheren Zeiten etwa ähnliches vorgesehen. Es war der Pommernherzog Bogislav VI., der im 14. Jahrhundert daranging, aus Ahrenshoop den Sitz seiner Burg, eine Handelsstadt, ja sogar eine Art Residenz zu machen. Das alte Ahrenshoop, durch die nördliche Mündung der Recknitz, den Darßer Kanal, vom Fischland sichtbar abgetrennt, lag ein wenig östlicher als heute der kleine Badeort. Dünen allein erstreckten sich dort, wo sich jetzt die Dorfstraße entlangzieht, und die Besiedelung muß in der Nähe des im letzten Jahrhundert erbauten Deiches und unterhalb des Schifferberges gelegen haben, an der Stelle, die wohl als Zentrum der Stadtgründung, als Regierungsviertel ausersehen war. Ein stattlicher Turm, von Gräben und Wällen umgeben, war bereits gebaut. Aber Bogislav durfte sich dieses Besitzes nur ganz kurze Zeit erfreuen. Am Tage der heiligen Margarethe des Jahres 1395

kamen die Rostocker mit ihren Schiffen und zerstörten die Festung so gründlich, daß kein Stein mehr auf dem andern blieb. Ringeling hat diese Szene in seinem kleinen Buch „Fischländer Volk" lebendig mit vielen Farben ausgemalt. Wie mit einem Schlage verschwand Ahrenshoop wieder aus dem Lichtschein der Geschichte. Von seinem Burgherrn Bogislav und der Zerstörung seiner weitreichenden Pläne berichtet die Chronik: „Ob nun dieses zwar den Fürsten sehr schmerzte, dennoch, um sich nicht mehr zu verwickeln, verbarg er die Rache und starb kurze Zeit hernach."

Der Darßer Kanal hat als Verbindung von Bodden und Meer noch viele Jahrhunderte bestanden, ohne zu einer wirtschaftlichen Bedeutung zu gelangen. Heute ist von ihm nur noch das kleine, traurige Rinnsal nördlich vom Dornenhaus vorhanden, über das wir uns als Kinder mit Vorliebe stellten, um einen Fuß auf preußischen und einen auf mecklenburgischen Grund zu setzen.

is über die Mitte des letzten Jahrhunderts hinüber war die gesellschaftliche Struktur des Fischlandes so eindeutig und klar wie in dem kleinen Abzählvers:

Kaiser, König, Edelmann,
Bürger, Bauer, Bettelmann.

Das heißt, es gab auf dem Fischland weder Kaiser noch Könige noch Edelleute. Es gab aber auch keine Bettelleute. Es gab Bauern, und es gab Büdner, weiter nichts.

Die Besitzverhältnisse und die gemeinsamen Lebensumstände des Fischlandes waren von einer sinnvollen Ordnung getragen. Noch heute, nachdem längst die Formen der alten Zeit gebrochen sind, die Sicherheit, die sie gaben, dahin ist, liegt ein Abglanz jener Sauberkeit der Lebensgestaltung und Lebenshaltung über den Häusern und über den Menschen, ja über dem ganzen Land. Das Entrückte, das dem Fischland in den seltenen Stunden eigen ist, zu denen einmal nichts geschieht, weil der Wind von der See über der mageren Grasnarbe des Hohen Ufers eingeschlafen ist, oder weil ein Wintermorgen den Atem anhält, damit die Sonne sich millionenfach in dem Märchengespinst des Rauhreifs spiegeln kann, diese überirdische Schönheit steht für mich immer in Verbindung mit jener alten, in sich ruhenden Fischlandwelt. Sie lebt auch noch in den Fischländer Menschen, die ganz gewiß keine Engel sind; doch zeigen sie eine Zufriedenheit mit ihrem Los, eine Geschlossenheit ihres Lebenskreises, auch eine Selbstgenügsamkeit, die sich natürlich nach beiden Seiten auslegen läßt, der positiven und der negativen. Sie ist Erbgut. Sie ist beste fischländische Familientradition.

Aus dem Dreißigjährigen Kriege ging das Fischland nahezu ausgevölkert davon. Während zu Beginn des Krieges, der dem Fischland unter anderem auch Einquartierung kaiserlicher Truppen brachte, in Wustrow und Althagen noch 55 Familien wohnten, gab es an seinem Ende nur noch ihrer 15 auf dem ganzen Fischlande. Im Jahre 1666 wurden wieder 20 Familien gezählt; dann stieg die Einwohnerzahl schnell an. Schon 1700 wurden die ersten Veränderungen in den Besitzverhältnissen bekannt, die der Bevölkerungszuwachs verlangte. Die Bodenordnung bildete sich heraus, die noch heute dem Fischland sein Gepräge gibt.

Wenn man es recht bedenkt, hat das Fischland in seiner Bodenpolitik gegenüber dem übrigen Mecklenburg einen völlig anderen Weg eingeschlagen. Im Binnenlande wurde der kleine Landbesitzer mehr und mehr vom Großgrundbesitz aufgeschluckt. Zugunsten der Rittergüter wurden immer wieder Bauernhöfe gelegt. Auf dem Fischland dagegen wurden im Laufe der letzten zwei Jahrhunderte viele neue kleine Landstellen geschaffen. Zuerst durften die Bauern kleinere Parzellen von ihrem Boden abtrennen, schließlich wurden ganze Bauernstellen als solche aufgelöst und in Kleinbesitz aufgeteilt. Diese Maßnahme ist wahrscheinlich nicht auf eine höhere Weisheit oder auf einen besonders sozial gerichteten Sinn zurückzuführen. Das Fischland hat sie wohl gleichsam selbst diktiert, denn aus dem schmalen Landstrich hätten sich keine großen Herrensitze machen lassen. Es hätte allerdings in den Händen einiger weniger Bauernfamilien bleiben können, aber es lag eine Bestimmung vor, nach der auf dem Fischland keine Familie wohnen durfte, die nicht über ein eigenes Haus verfügte. So mußte also schon für den Nachwuchs der angesessenen Familien immer wieder neuer Wohnraum geschaffen werden.

Diese Einschränkung des Wohnrechts ist bevölkerungspolitisch für das Fischland schädlich gewesen. Der enge Kreis der Familien drehte sich gewissermaßen immer nur in sich selbst. Es kam zuwenig frisches Blut dazu. Es gab bald keine Familie mehr, die nicht mehr oder weniger nahe mit fast allen anderen Familien auf dem Fischland verwandt war. Davon erzählt uns heute noch die verhältnismäßig geringe Zahl der Familiennamen, und die verwandtschaftlichen Beziehungen durch Großeltern, Vettern und Basen sind natürlich auch heute noch alle da. So steht eine der alten Althäger Bauernfamilien, die Familie Daniel Voss, in blutsmäßiger Bindung zu allein 12 anderen Familien in Alt- und Niehagen, zu zwei Häusern in Wustrow und einem Hause in Ahrenshoop. Wenn man in dieser Familie noch tiefer graben würde, käme eine weit höhere Zahl verwandtschaftlicher Verflechtungen heraus.

So wie beispielsweise im Nahetal unter den Geschlechtern der Edelsteinschleifer und Edelsteinhändler die Namensträger numeriert werden müssen, wie es sonst bei Fürsten üblich ist, und man etwa mit einem Jakob Wild XIII. in Geschäftsverbindung treten kann, dienten auf dem Fischland vielfach die Namen der Schiffe zum Unterscheidungsmerkmal unter den gleichnamigen

Familien. Nordpol-Niemanns waren eine der bekanntesten Wustrower Schifferfamilien.

Aufschlußreich für das Denken im engsten Kreis ist es übrigens, mit Fischländern über das Schicksal ihrer Familienmitglieder zu sprechen. Schon das nächste Dorf scheint ihnen eine andere Welt. So kann man mit allen Einzelheiten von Brüdern, Vettern, Basen erzählen hören, die im gleichen Dorf geblieben sind. Hat es aber einer unternommen, etwa nach Ahrenshoop zu ziehen oder sich nach Wustrow zu verheiraten, wird in Althagen von ihm ebenso beiläufig gesprochen, als wäre er nach Kanada ausgewandert, und über sein weiteres Schicksal wäre kaum etwas bekannt.

In den alten Hausbriefen, die vom Amt jedem Hausvater ausgestellt wurden, den für die Einsicht in die gesellschaftliche Lage des Fischländers überaus wichtigen Dokumenten, steht die Bestimmung: „Einlieger dürfen nicht aufgenommen werden." Diese Bestimmung trat für Wustrow erst im Jahre 1857 außer Kraft. Wahrscheinlich in den übrigen Fischlanddörfern auch nicht früher, denn man erzählt in Althagen mit einem gewissen Stolz von einem Peter Bradhering, der 1842 heiraten wollte, ohne ein eigenes Haus zu besitzen. Der Amtshauptmann verlangte von ihm, er sollte sich für 25 Reichstaler eine der Katenstellen kaufen, die in Niehagen zu haben waren, um sich dort anzusiedeln. Aber Peter Bradhering weigerte sich. Er wollte heiraten, aber er wollte sich nichts vorschreiben lassen. Er weigerte stierköpfig sich so lange, bis er den Amtsschimmel klein gekriegt hatte und tatsächlich die Erlaubnis zur Heirat auf dem Fischland bekam, ohne Hausbesitzer zu werden. Auf ihn führen die Althäger die Aufhebung jener Bestimmung zurück, die ihnen im Laufe der Jahre immer lästiger geworden war.

Es gab bis in die Zeit hinein, in der die Eltern der heute noch lebenden alten Leute geboren wurden, also noch innerhalb des Bannkreises der mündlichen Überlieferung, auf dem Fischland keinen Menschen, der nicht unter eigenem Dach wohnte und das nötige Land besaß, um sich eine Kuh und ein Schwein zu halten. Durch die planmäßige Aufteilung des Landes waren die Stellen alle von ungefähr gleicher Größe, so daß unter den Bauern wie auch unter den Büdnern eine Einheitlichkeit des Lebensstils gegeben war.

Aus dem Jahr 1717 wurden die ersten Kleingrundbesitzer, die da Büdner hießen, in den Urkunden genannt. Dieses Jahr ist also das Geburtsjahr der Fischländer Büdnereien. Jede von ihnen ist rund 150 Quadratruten groß. Verglichen mit den Größenverhältnissen im Binnenlande, ist die Fischländer Büdnerei eigentlich eine Häuslerei, und unsere Bauernstellen von 40 bis 50 Morgen, auf denen nur 2 Pferde gehalten werden, sind binnen im Lande eigentlich Büdnerbesitz. Das Fischland hat also auch in dieser Beziehung ein eigenes Maß. Und es konnte sich dieses eigene Maß ohne weiteres leisten, da es im Laufe seiner Entwicklung seine Nahrung immer weniger aus dem Boden zog, sondern auf dem Wasser gewann.

Die letzte Aufteilung von Bauernstellen erfolgte in Wustrow 1842. Da wurden aus Bauerngehöften Büdnereien geschnitten; diese waren bereits 4 Jahre später alle in festen Händen, so daß von der Barnstorfer Feldmark 3000 Quadratruten abgetrennt werden mußten, die wiederum in neue Büdnereien verwandelt wurden.

1871 fand eine Regulierung der Fischländer Feldmark statt, die im wesentlichen noch heute Gültigkeit hat. Wustrow zählte zum Ende des Jahrhunderts 12 Bauernstellen und 268 Büdnereien, Althagen 11 Bauernstellen und 85 Büdnereien, Niehagen 5 und 32, Barnstorf 4 Bauernstellen.

In Althagen kann man an der systematischen Verteilung der Bauern- und Büdnerstellen am besten die alte Gemeinschaftsordnung ablesen, die das ganze Dorf umfaßte, bis die Fremden sich Büdnereien kauften und die Ordnung durchlöcherten. Denn die Städter wollten damals keine Büdnerwirtschaft. Sie hätten mit einer Kuh und mit einem Schwein im lebenden Zustand noch nicht das geringste anzufangen gewußt. Ihnen war es damals nur um ein romantisches Rohrdachhaus mit einem möglichst nicht allzu großen Garten zu tun; denn sie brachten allein die Sommerwochen auf dem Fischland zu. Das Ackerland auf der Feldmark hatte für sie überhaupt keinen Sinn. Sie verpachteten es. Manche von ihnen haben ihren Acker bis heute noch niemals gesehen, sie wissen kaum, wo er eigentlich liegt.

Die Bauernhöfe in Althagen stehen in nahezu gleichem Abstand voneinander. Die Zwischenräume zwischen ihnen werden von Büdnereien ausgefüllt. Es gehört also zu jedem Bauernhof eine kleine Zahl Büdnerstellen, die miteinander Hand in Hand gehen. Der Bauer bestellt mit seinen Pferden und seinen Ackergeräten für den Büdner das Feld. Der Büdner stellt dafür in den Wochen der Aussaat und der Ernte seine Arbeitskraft. Das heißt, meist ist es die Frau, die zum Bauern zur Arbeit geht. Auf dem Fisch-

land ist eigentlich die Frau die Büdnerin. Der Mann fährt zur See, oder er fischt, oder er übt irgendein Handwerk aus.
Über die Pflichten des Bauern und Büdners gegenüber ihrem Landesherrn und ihrer Gemeinde, über den Schutz, den sie dafür genossen, unterrichten die mehr als 100 Jahre alten Hausbriefe mit dem dicken roten Siegel des Großherzoglichen Amtes. Sie sind reizvolle Dokumente der alten Fischlandwelt. Darin wird der namentlich aufgeführte Besitzer des Eigentums verpflichtet, die angeschlossenen Bedingungen getreulich zu erfüllen, alljährlich seinen Canon nach Thalern und Schilling Courant zu erlegen, sowie nach seinem Hufenstand die Real- und Personalsteuern zu entrichten. Dafür wird ihm die Versicherung erteilt, „daß er bei getreuer und pünktlicher Erfüllung aller seiner Verpflichtungen in dem Besitz und Genuß seiner Büdnerei nach Möglichkeit geschützt und gegen Beeinträchtigungen Dritter gesichert werden soll". Doch „mehr, als dem Büdner hiernach überlassen worden, darf er sich nicht anmaßen". Vorsorglich reserviert sich das Domanium alle Bodenschätze des Landes, die noch entdeckt werden könnten. Auferlegt wird dem Anwohner unter anderem, „die ihm eigenthümlich gehörenden Gebäude stets bei dieser Stelle ohne alle Hülfe seitens der Cammer erhalten und bei Neubauten sich die Bauplätze anweisen lassen, und darf weder mehr Gebäude, noch in dem selben mehr Wohnungen, als Amts- und Cammerwegen zugestanden worden, anlegen".
Ihm wird besonders zur Pflicht gemacht, zu den Kosten der geistlichen und Schulbauten sowie zur etwaigen Miete für die Geistlichkeit und den Schullehrer, Pensionierung des Schullehrers, zu dem Unterrichte der Hebamme, zu den anzuschaffenden Instrumenten für dieselbe beizutragen. Vier Büdner haben zusammen dieselben Summen zu zahlen wie ein Bauer. Dann folgt jene wichtige Bestimmung: „Einlieger dürfen nicht aufgenommen werden", und die für den Besitzer ebenso einschneidende Verordnung, daß seine Stelle stets so, wie sie von der Cammer eingerichtet worden ist, unverändert und mit den Gebäuden zusammenbleiben muß. Es darf von ihr weder ein Stück verkauft werden, noch kann sie als Erbe aufgeteilt werden.
Aus diesem Hausbrief wird die alte, eigentümliche Situation des Fischländers ersichtlich. Er war Eigentümer und war es doch wiederum nicht. Er durfte mit seinem Besitz nicht frei schalten. Aber was ihm nicht gestattet war, durften auch andere nicht an ihm tun. Er war vor Ausbeutung und Übervorteilung geschützt,

und niemand konnte ihm von seinem Land auch nur eine kleine Ecke abschwätzen. Und er war — das ist wohl das Wichtigste — geborgen im Schoß einer festgefügten Gemeinschaft, zu deren Erhaltung jeder sein Teil beitrug.
Diese Bevormundung und strenge Ordnung hat das Fischland bis in unser Jahrhundert hinein vor dem erbarmungslosen Schicksal bewahrt, ein Opfer der Bodenspekulation zu werden. Wenn einer Lust hatte, sich auf dem Fischland niederzulassen, konnte er nicht von irgendeinem Bauern oder Büdner, wo es ihm gerade gefiel, ein Stück Land als Bauplatz erwerben und sich darauf nach seinem Geschmack ein Wochenendhaus oder eine Villa in irgendeinem Stil bauen lassen. Auf dem Fischland gab es keine Bauplätze. Es gab nur Höfe und Büdnereien. Wer sich ansiedeln wollte, mußte versuchen, einen Hof oder eine Büdnerei zu kaufen, und unterwarf sich damit allen Vorschriften, die sein Hausbrief aufzählte.
Ganz anders ging es in dem benachbarten Ahrenshoop zu. Dort war Bodenspekulation möglich, und sie setzte sofort ein, nachdem Ahrenshoop von den Künstlern aufgespürt worden war. Als dann für Ahrenshoop die großen Zeiten kamen, von denen noch immer ein Abglanz über dem Dorfe liegt, wurde ein Haufen weißen Dünensandes mit spärlichem Strandhafer und vielleicht einer verkümmerten Kiefer oder Polarweide darauf mit Gold aufgewogen. So entstand im Laufe weniger Jahre hinter dem alten Dorf das neue Ahrenshoop, das sich bis an die Kuhweide hinauszieht, der Bereich derer „dor buten“, wie die alten Ahrenshooper gern sagen.
Was aus Alt- und Niehagen unter einer Bodenspekulation geworden wäre, erzählen uns die wenigen Häuser, die sich schließlich doch auf dem Hohen Ufer festsetzen konnten, denn irgend

wann wurde immer einmal einem einflußreichen Fremden als Ausnahme die Erlaubnis gewährt, sich eine Parzelle zu erwerben und darauf ein Haus zu bauen. Doch wenn der Boden im freien Handel gewesen wäre, wäre von unserem Fischland, wie wir es heute noch sehen dürfen, kaum etwas geblieben. Am Hohen Ufer hätte sich ein Saum von Sommerhäusern in mehr oder weniger mißverstandener ländlicher Bauweise entlanggezogen. Wochenendhäuschen etwa in der Art, wie sie das Ostseebad Ribnitz ausmachen, hätten die schönen, stillen Feldwege zum Strande flankiert. Auch auf der Boddenseite, wo die Gärten an die Wiesen grenzen, hätten Fremdenhäuser ein neues und ganz gewiß kein schöneres Dorfbild geschaffen. Pläne dazu waren reichlich vorhanden; auch der Fischländer war einem Verkauf einer Parzelle auf seinem Grundstück nicht abgeneigt. Es war ein Glück, daß es den Hausbrief gab. Es war in dieser Beziehung auch noch ein Glück, daß unsichere Zeiten kamen, als 1918 der Boden auf dem Fischland freigegeben wurde, sonst wäre es um unsere Dörfer geschehen gewesen. Immerhin sind von den Büdnereien allein in Alt- und Niehagen nahezu 30 in den Besitz von Städtern übergegangen. Sie stehen im Winter jetzt natürlich nicht mehr leer, da es in Deutschland keine unbewohnten Häuser mehr geben kann. Doch früher wirkte das Dorf, sobald der Herbst kam und die Städter es wieder verlassen hatten, zum Teil wie ausgestorben. Jedes Haus, das nicht in den Händen eines Büdners blieb, war ein herausgebrochenes Glied einer einst festgefügten Kette.

Als wir im Jahre 1901 zum ersten Male auf das Fischland kamen, und zwar als Gäste nach Ahrenshoop, und mein Vater, tief beglückt von der Ländlichkeit und Unberührtheit des eigentlichen Fischlandes, sich in Althagen einen Katen kaufte, waren wir erst die dritten Städter auf der langen Strecke von Althagen bis Wustrow.

Ich sehe den alten, verfallenen Katen mit dem eingestürzten Stallanbau, um den die Brennesseln wucherten, noch deutlich vor mir. In der Küche war eine offene Feuerstelle, über der eine Kette mit dem Kessel hing, und alle Stuben waren windschief. Gradegerichtet konnten sie natürlich nicht werden, aber sie bekamen neue Fußböden, wurden verputzt und mit bunten Leimfarben gestrichen. Es sollte im Grunde alles möglichst so einfach bleiben, wie es gewesen war. Nur der noch offene Heuboden wurde zu zwei Schlafräumen und zwei Abseiten ausgebaut, und die Leiter nach oben wurde durch eine Treppe ersetzt. Dem Haus wurde

nach Osten mit dem Blick über die Wiesen und den Bodden eine Veranda angefügt, die sofort mit wildem Wein bepflanzt wurde, denn wir empfanden sie eigentlich als einen Schandfleck in unserem noch völlig stadtfremden Dorf. Immerhin lag die Veranda zum Garten hin, so daß man sie wenig sah. Der Garten hatte bisher gewiß nie etwas anderes als Kartoffeln, Saubohnen und ein paar Wurzelbeete getragen. Er wurde mit einem breiten Mittelweg neu angelegt, den zu beiden Seiten Staudenrabatten mit Johannisbeer- und Stachelbeerbüschen zwischen den Blumen begleiteten. Im übrigen gab es nur Gemüsebeete, denn wir wollten keinen städtischen Garten mit Liegewiese, sondern einen echten Bauerngarten haben. Auch die Möbel wurden im Ort bei einem Tischler bestellt, und als Geschirr kam natürlich nur ein buntes, sogenanntes Bauernsteingut in Frage. So zogen wir im nächsten Sommer nach dem Kauf schon auf dem Fischland ein.

Mir kommt es heute so vor, als wären früher auf dem Fischland das Leben und auch die Natur viel herber gewesen, die Stürme wilder und lang andauernder, die Gewitter von unerhörter Gewalt und Gefahr. Nie wieder später habe ich den Regen vom Seewind so gepeitscht gesehen, hat die Brandung unter dem Hohen Ufer so hoch aufgeschäumt, rauschte der Bodden so grau und reißend unter dem Westwind davon. Nie wieder im Leben erfüllte mich der Schauer so tief wie damals in unseren ersten Fischlandsommern, wenn der Vater des Nachts plötzlich im gelben Ölrock, eine Kerze in der Hand, vor unseren Betten stand und uns weckte. Dann rollte der Donner schon über dem Haus, und die Blitze schleuderten blaue Strahlen durch die niedrigen Fenster in Stube

und Küche und Flur hinein, wo unsere Köchin auf den Knien lag und angstvoll betete. Die Gewittertasche, die die wichtigsten Papiere barg und immer gepackt war, denn wir wohnten unter dem Rohrdach und waren uns der großen Brandgefahr stets bewußt, war neben die Haustür gestellt. Auf dem Tisch lag das Barometer, auf dessen Steigen als Zeichen, daß das Gewitter zum Abzug kam, ungeduldig gewartet wurde. Manchmal ging der Vater hinaus, um nach dem Wetter zu sehen. Aber er durfte nicht in der Haustür stehenbleiben, das litt unser alter Nachbar nicht; denn wer auf der Schwelle stand, sagte er, zöge den Blitz fürwitzig ins Haus. Auch wir liefen schnell einmal in den Garten, um die Zinnien in ihrer wunderbaren Pracht unter den Blitzen aufleuchten zu sehen. Draußen zeigte es sich, daß nicht nur dieses eine Gewitter zum Bodden zog. Rundum am Himmel standen die Gewitter überall. Blitze jagten geradewegs in den Darß hinein und schossen wie silberne Pfeile auf die fernen Ortschaften jenseits des Boddens hinab, und in der dunklen Wetterwand im Westen über der See zuckte es, als klaffte ab und zu ein Spalt auf und ließ uns einen Himmelsraum voll lodernder Feuersglut schauen. Plötzlich kamen Blitz und Donner wie auf einen Schlag. Wir stürzten verängstigt zurück ins Haus. Schon fing es zu prasseln an. Es trommelte wie von tausend kleinen Steinen auf das Oberlicht. Es rauschte rund um das Haus im dichten Holundergesträuch. Es rann an den Fenstern herab. Der Regen war endlich gekommen! Nun schien das Schlimmste vorbei, das Schlimmste, das doch so erfüllt von einer unheimlichen Schönheit gewesen war.
Herber war früher das Leben auf dem Fischland ganz gewiß in jedem Zug. Auch die Stürme müssen lange Jahre hindurch sehr hart gewesen sein. Wie schwer war es damals allein, einen Baum großzuziehen. Althagen und Niehagen wirkten im Vergleich mit heute beinahe kahl.
In seinem Abriß der mecklenburgischen Landeskunde schreibt Ernst Boll aus dem Jahre 1861 über die Vegetation auf dem Fischland: „Doch können bei sorgfältiger Pflege dort Bäume gedeihen, denn man findet um die Dörfer herum Obtsbäume und Silberpappeln — auch Weiden und Gestrüpp von Schlehdorn und Brombeeren kommen vor, im Ganzen aber ist die Flora nur ärmlich, Sand- und Seestrandpflanzen spielen in ihr die Hauptrolle.“ Ganz so kärglich war es zu meiner Kindheit auf dem Fischland aber nicht mehr. Doch die wenigen hohen Bäume, Birnen und Silberpappeln, fielen auf. Zum Schutz für unseren Garten pflanz-

ten wir Holundersträucher an. Es gab auch vor den Häusern nur wenige Blumen. Unsere neuen Dahlien holte schon im ersten Herbst der Sturm. Er drehte sie alle kurzerhand über den Knollen ab. Wir gingen manchmal nach Wustrow und staunten dort die vielen Bäume an, die die Häuser schützten. Wir bewunderten die zierlichen Vorgärten, wo Rosen und Nelken an grüngestrichenen Stöckchen mit weißer Spitze blühten. Uns kam es dann so vor, als hätten wir eine kleine Reise in ein Land gemacht, das unter einer wärmeren, freundlicheren Sonne lag. Aber wir hätten dafür doch nie unser urwüchsiges und karges Althagen eingetauscht, das uns zur Heimat geworden war.

Ich muß immer wieder an jene Zeit vor hundert Jahren denken, als auf dem Fischland nur Menschen wohnten, die ein eigenes Haus besaßen. Welch ein Heimatsinn, welch eine Sicherheit des Lebens muß damals auf dem Fischland geherrscht haben! Denn wer sein eigenes Dach besitzt, wer der Gnade teilhaftig ist, eine eigene Haustür gastlich aufschlagen zu können, ist reich von vornherein, ist ein Herr auf der Welt!

Für den Fischländer, der ein Seefahrer ist, war das Haus das stete Ziel seiner Gedanken. Innen und außen mußte es wie ein Schmuckkästchen sein; in mancher Beziehung war es ein Abbild der Umwelt des Schiffers an Bord. Der Seemann ging mit beiden, dem Schiff und dem Haus, mit gleich pflegsamen Händen um. Welt und Heim waren die Pole, zwischen denen sich das Leben des Schiffers bewegte.

Bescheiden und klein sind unsere Häuser geblieben, auch als auf dem Fischland durch die Schiffahrt der große Wohlstand heimisch war. Ohne Not hat der Schiffer, der zugleich Schiffseigner und sein eigener Reeder war, das Gebot eingehalten, das dem Büdner galt, sich nicht mehr anzumaßen, als ihm zuerkannt war.

Wie alt unsere Häuser sind, läßt sich nicht gut sagen. Die älteste Hausurkunde stellt ein Balken in dem einen Gehöft in Niehagen am Boddenufer dar, das zu den „Germanen-Höfen“ zählt. Er trägt die Jahreszahl 1672.

Ich habe manchen Hausbrief in meinen Händen gehabt, im ersten Drittel des letzten Jahrhunderts ausgestellt, der die Bemerkung führt, daß das Baujahr des Hauses unbekannt sei. So können wir bei unseren ältesten Katen in Wustrow und Althagen wohl mit einem Alter von gut zweieinhalb Jahrhunderten rechnen. Noch immer ruht mancher von ihnen auf der uralten Eichensohle, die eisenhart geworden ist, und hat geklehmte, durchgebogene und windschief gewordene Wände. Und wenn man gut aufpaßt und ein wenig Glück hat, kann man in solchen Wänden auch gelegentlich noch prachtvolle uralte Fenster finden. Sie sind nicht, wie späterhin, tief in die Wand eingelassen, mit einer abfallenden Fensterbank davor. Sie liegen eben mit der Wand und haben viele kleine Scheiben. Sie zeigen ein wahrhaft wohltuend schönes

Verhältnis der Höhe zur Breite. Vor solch einem Fenster kann man tief befriedigt stehen, weil es ein Meisterwerk ist, geschaffen von einem unbewußt sicheren Sinn für Maß und Form.
Die Dächer der alten Katen sind im Laufe der Jahrhunderte vielfach erneuert worden, weil ein Rohrdach, vor allem nach Süden hin, wo die Sonne das Rohr verbrennt, nur eine kurze Lebensdauer hat. Aber fast überall ruht das Dach noch auf dem alten Gebälk, das vom Ruß geschwärzt ist. Rauchkaten sind diese Häuser gewesen, die keinen Kamin besaßen, also auch keinen Schornstein hatten. Der Rauch von der Herdstelle zog durch den Dachstuhl zum Eulenloch ab. Es ist übrigens noch gar nicht lange her, daß auf dem Fischland auch das letzte Haus seinen Kamin und darüber als Krönung seinen Schornstein bekam.
Wenn ich ein Kunsthistoriker geworden wäre, was einmal zu meinen Wünschen gehörte, würde ich ein Buch über das Fischländer Haus schreiben, oder genau gesagt, über die vier verschiedenen Häusertypen auf dem Fischland. Ich würde dann beweisen können, daß sie die Vollkommenheit selbst sind, darum auch die Schönheit selbst; daß sie klassisch genannt zu werden verdienen, weil sie ihren Zwecken aufs höchste entsprechen. So kann ich das nur behaupten. Ich kann nur versuchen, die Bewunderung, die ich für sie habe, verständlich zu machen, und die Freude, die sie mir jeden Tag aufs neue bereiten, anderen mitzuteilen.
Das Bauernhaus des Fischlandes ist Allgemeingut der niederdeutschen Landschaft. Es ist der Typ des niedersächsischen Ständerhauses, nur im ganzen ein wenig kleiner als im Lande. Die Diele, wie es sich gehört, von den eichenen Ständern abgegrenzt, ergibt eine dreischiffige Gliederung des ganzen Hausraums. Mir ist auf dem Fischland kein Bauernhaus bekannt, das nicht das später von der Diele durch eine Wand abgetrennte Kammerfach besitzt. Die Küche ist aus der Mitte der Diele verlegt, und zwar meist genau unter die Giebelfront. Bei vielen Bauernhäusern ist die zweite Tür weggefallen, die in der Achse zur Einfahrt von der Hofseite aus lag und einen geraden Durchgang durch das ganze Gebäude erlaubte. Man tritt jetzt meist von der Seite in das Kammerfach ein, in die Wohnabteilung der Familie. Das Gewicht des Eingangs ist also von der Achse auf die Längsseite verschoben worden, genau so wie bei manchen Kirchen, bei denen der einstmalige Haupteingang gegenüber dem Chor auf eine Tür an der Längsseite übergegangen ist. Wir haben es auf dem Fischland jetzt vielfach mit einem Sackdielenhaus zu tun.

In ganz früher Zeit, als die Viehwirtschaft bedeutsamer als die Ackerwirtschaft war, wird auf dem Fischland die Bauernstelle vielleicht mit diesem einen Gebäude ausgekommen sein, das genügend Raum für Stallungen bot, zumal die Menschen für sich persönlich wenig Platz verlangten. Doch wir wissen schon von den Kämpfen um den Seehafen her, daß der Getreidebau auf dem Fischland schon damals eine gewisse Rolle spielte. So sind jedenfalls auch bald Scheunen auf den Höfen gebaut worden, und im Laufe der Zeit kamen immer mehr Gebäude auf der Hofstelle hinzu, willkürlich dorthin gesetzt, wo es am günstigsten schien. Das ursprüngliche Einhaus des Gehöfts hat so viel Gesellschaft bekommen, daß man heute auf den ersten Blick nur am Schornstein erkennen kann, welches Gebäude als die Urzelle des Hofes anzusprechen ist.

Die schönsten Bauerngehöfte des Fischlandes stehen in dem kleinen Anhängsel des Kirchdorfes Wustrow, östlich vom Hafen, das den Namen Barnstorf trägt und schon früh in den Urkunden namentlich aufgeführt wird. Es sind nur vier Höfe, die dicht nebeneinander auf einer weit in den Bodden hinauswachsenden Landzunge liegen. Sie führen dort ein wundersam entrücktes, aller lauten Geschäftigkeit entzogenes Leben, daß man nur auf leisen Sohlen den Weg zu ihnen hinausgehen mag und sich fast ein wenig scheut, zu laut von ihnen und ihrer stillen Schönheit zu erzählen. Denn dort ruhen gleichsam die vielen Jahrhunderte noch, die über das Fischland dahingegangen sind. Die Höfe und Felder und Weiden sind nicht aufgescheucht vom Gespräch und Gelächter der Fremden, von ihrem unsteten Kommen und Gehen. Barnstorf liegt vor den Toren des Fischlandes. Es ist wie ein Auge, das zu uns hinüberschaut, immer ein wenig in Abstand von uns, in einem von Gott ausersehenen und gesegneten Abstand von jeglicher Wankelmütigkeit und Neuigkeitssucht des Augenblicks, immer ein wenig verwundert darüber, daß auf der Welt soviel Unruhe herrscht und alles Kleine, Vergängliche so wichtig erscheint. Es liegt dort unter einem einzigen, tiefen, geruhsamen Atem da; kein Dorf für sich, doch mit einem eigenen Namen beschenkt, herausgehoben also und zugleich dem Ganzen unscheinbar eingefügt. Ein Hort des Friedens, an dessen Rohrsaum die Brandungswellen verebben, die der Dampfer bei seiner Einfahrt in den Hafen hinüberschickt. Dieses rauschende Rohr singt eine leise verwehende Melodie. Sie besagt, daß hier das Fischland seinen Ausklang hat.

Vier Gehöfte zählte Barnstorf, als wir zuerst aus den Chroniken von ihm erfuhren. Vier Gehöfte zählt es noch heut. Es kam nur dort, wo der Bodden an der Feldmark leckt, ein einziger Bau dazu, errichtet für eine Räucherei, später eines Bildhauers Atelier. Bäume und Strauchwerk haben es eingewachsen. Man könnte zittern darum, daß die Zahl dieser vier Gehöfte eines Tages überschritten wird.

Neben dem Bauernhaus kennt das Fischland außer ganz wenigen Häuslereien nun nur das Büdnerhaus. Dieses aber tritt in drei Formen auf, die sich reinlich voneinander unterscheiden und untereinander nur belanglose Abweichungen haben, also ausgesprochene Typen sind. Ich habe jedem von ihnen einen Namen gegeben, damit ich sie besser vorstellen kann, und gehe dabei mit vollem Bewußtsein einen eignen Weg, obwohl auf dem Fischland der Ausdruck „Katen" für alle rohrgedeckten Häuser der Büdnerstellen gebraucht wird.

Da ist — es muß wegen seiner nahen Verwandtschaft zu unserem Bauernhaus zuerst genannt werden — das Hochdielenhaus mit dem Kröpelwalm, unter dem sich die Eingangstür befindet. Dann kommt der Katen mit seinem Eingang an der breiten Seite, von je zwei Fenstern flankiert. Beide sind mit Rohr gedeckt. Aus diesem Katen hat sich das massive, mit Ziegeln gedeckte Haus entwickelt, das mich am schönsten dünkt, seit ich die romantische Schwärmerei für Rohrdach um jeden Preis überwunden habe, und das nur den einen Namen tragen kann: das Schifferhaus.

Das freistehende Büdnerhaus mit dem Kröpelwalm findet sich in Althagen nur in einem einzigen Exemplar. Es tritt mehrfach in Niehagen auf. In Wustrow jedoch beherrscht es ganze Straßenzüge und muß hier als der Urtyp des Katens angesehen werden. Es gehört ein gewisser Wohlstand, eine Lebensbreite zu diesem Haus; denn es spricht selbst von beidem. Die Neue Straße in Wustrow ist um ihres südlichen Endes willen, die die Treppenstraat genannt wird, sogar ein bißchen berühmt, denn dort schieben sich die Kröpelwalmhäuser eins hinter das andere zurück, als wollte jedes dem Nachbarn auch einen Platz an der Sonne lassen. Doch die weitaus schönsten und vollkommensten dieser Häuser stehen am nördlichen Ausgang der Neuen Straße. Dort erst entfalten sie sich in ihrer ganzen Pracht. Es ist tatsächlich eine Pracht, dieser vorgeschobene Giebel mit den dunklen Stützen. Er wirft seinen Schatten auf die kleinen, oft quadratischen Fenster des alten Zwischenstocks, das Mezzanin hieß und das durch später erfolgte innere Ausbauten dieser Häuser meist verlorengegangen ist. Darunter das Erdgeschoß mit den fast ebenso breiten wie hohen Fenstern, die sich nahe an die Hausecken schieben. Und in der Mitte der Giebelseite die geteilte, oft noch von zwei kleinen Flurfenstern begleitete Tür, die den anschaulichen Namen Kloehntür trägt. Es schwatzt sich nämlich nicht so gemächlich, wenn man in einer offenen Haustür stehen muß. Eine offene Haustür lädt entweder zum Eintreten in das Haus ein, oder sie will geschlossen werden. Eine Kloehntür dagegen ist wie ein geöffnetes Fenster, auf dessen Brüstung man sich bequem stützen kann.

Wenn man von draußen die vielgeteilten Fenster dieses Hauses betrachtet, die sich auch an den Längsseiten so nahe wie möglich an die Ecken schieben, weiß man bereits, wie behaglich es sich dort drinnen leben lassen muß. Zwei Stuben liegen rechts und links vom Eingang, breite niedrige Stuben, die einen Ausblick sowohl zum Garten wie auch zur Straße bieten, so daß man in ihnen gleichsam sowohl mit dem Garten wie auch mit der Straße in Verbindung bleibt. Die Kloehntür führt in eine hohe Diele hinein, die genau wie bei unserem Bauernhaus eine Achse durch das Gebäude zieht. An ihrem Ende liegen Küche und Kammern. Dort geht bei später ausgebauten Häusern eine gemächliche Treppe zu dem oberen Stock, das meist noch mehrere kleine Stuben bekommen hat und reichlich Bodenraum enthält.

Dieses Haus, das seinem inneren und äußeren Format nach eigentlich weit über den Lebensraum unserer kleinen Fischländer Büdnereien hinausreicht, hat mir immer zu raten gegeben. Ich glaubte zuerst, daß es ursprünglich zu jenen Bauernstellen gehört haben müßte, die im 18. und 19. Jahrhundert in Büdnerstellen

aufgeteilt wurden. Aber das kann nicht stimmen, denn dazu tritt es in Wustrow viel zu häufig, und zwar geradezu in Rudeln auf. Nur die hohe Diele, die das typische Merkmal dieses Hauses ist, läßt leicht auf diesen Gedanken kommen. Doch es war in alten Zeiten auch für den Büdner vielfach notwendig, eine Diele zum Dreschen zu haben. Man drosch mit Flegeln. Männer und Frauen traten auf der Diele im Kreise an und schlugen ihren Flegel in festem Takt auf das in der Mitte aufgeschüttete Korn. Es wurde übrigens in Gegenden, wie dem Fischland, wo Rohrbedachung üblich ist, immer noch mit Flegeln gedroschen, als es schon längst bei den Bauern Dreschmaschinen gab. Denn unter die Rohrlage des Daches wurde gern eine Schicht Stroh gelegt, und dieses Stroh war zum Decken nur zu gebrauchen, wenn das Korn vorher mit Flegeln ausgedroschen worden war.
Trotz dieser Erklärung bleibt für mich immer noch etwas Rätselhaftes über dem Kröpelwalmhaus mit seiner hohen Diele. Es hat ein Format, das allzu sichtbar über den Lebensmaßstab des Büdners hinausreicht. Ja, es enthält, mit unserem Bauernhaus verglichen, einen geradezu luxuriösen Wohnraum. Manchmal liegen an der einen Seite der Diele drei Stuben hintereinander. Auf der anderen Seite schließen sich der Vorderstube mehrere Kammern und dann die Küche an. Einige dieser Häuser haben sogar an der dem Eingang gegenüberliegenden Seite eine Art Kammerfach. Es sind also eigentlich in der Tat kleine Bauernhäuser, nein, kleine Herrenhäuser im Büdnergewand. Darum ist es verständlich, daß man diesen Haustyp in Althagen kaum, in Niehagen vereinzelt, in Wustrow dagegen vielfach trifft. Er spricht von jener Behäbig-

keit, die unter den Fischlanddörfern im Grunde nur Wustrow kennt.

So bleibt also, und zwar vorherrschend in Althagen, das Haus der kleinen Leute, der Katen, der in all seiner Bescheidenheit doch den Ruhm für sich buchen kann, die Keimzelle jenes Hauses zu sein, das für mich allmählich als d a s Haus des Fischlandes angesehen werden muß, das Haus in seiner größten Vollkommenheit, das Haus des Seefahrers, das Schifferhaus.

Stube und Kammer, Stube und Kammer — so nur könnte der Refrain in einem Preislied auf den Katen heißen. Stube und Kammer sind im Katen in zweifacher Ausfertigung da. Nur bei solchen Katen, die eigentlich halbe Häuser sind und einem anderen Katen angebaut wurden, dessen Zugang in der Giebelseite liegt und der als ein winziger Ableger des Kröpelwalmhauses auftritt, sind sie nur einmal vorhanden. Sie liegen zu seiten eines engbrüstigen, niedrigen Flurs, der sich auf halbem Wege zu einer Küche erweitert. Diejenige Seite, die die Küche nicht in sich einbezieht, enthält noch die Kellerkammer, mitunter so niedrig, daß sich ein erwachsener Mensch dort nur gebückt aufhalten kann. Die Wände des Katens waren Fachwerk. Wenn sie neu aufgezogen wurden, sind sie aus Backsteinen gebaut, die gern rot übermalt werden, die Fugen weiß nachgezogen. Zum Katen gehört ein Anbau, der rechtwinklig zum Hause steht und mit einem Flügel den Wirtschaftshof abgrenzt. Zum Katen gehören ferner viele Schuppen, kleine und große, Schuppen für Gartengerät, für Fischerei, für das Holz. Ein Fremder findet sich auf dem Hof eines Katens mit all seinen Schuppen niemals zurecht. Den Anbau bewohnen Kuh und Schwein. Über dem Erdgeschoß mit den beiden Stuben und Kammern, in denen meist die ältere und die jüngere Generation zusammen wohnen, gab es ursprünglich nur den offenen Boden für Heu, auf dem noch die alten Seekisten und ein paar Truhen Platz fanden. Von der Küche oder auch vom Anbau aus führte eine Leiter zu diesem Boden hinauf.

In den Kammern hinter den Stuben wurde geschlafen. In der Küche wurde gewohnt. Die Herdecke lag unter der tief heruntergezogenen Glocke und war auch am Tage immer in Dämmerung gehüllt. Man saß am Küchentisch vor dem Fenster, an dem die Flietige Liese blühte. In der Küche stand ein Geschirrbord, darauf die bunten, aus England mitgebrachten Steingutteller. Einen Küchenschrank kannte man früher nicht.

Die Vorderstuben waren Gute Stuben. Sie wurden im Winter nur in der Weihnachtszeit geheizt und wenn einmal Besuch kam oder in den Tagen der großen Schneiderei. In diesen Stuben stand das Sofa mit schwarzem Roßhaarbezug und weißen Porzellanknöpfen, auch ein Lehnstuhl aus Rohr mit einem gestickten Rückenbelag. An Stelle des Sofas fand sich auch die sogenannte Schifferbank, eine schwer gebaute, in verschiedenen Farben angestrichene Holzbank, deren Rückwand geschnitzte großzügige Ornamente trug. Unter ihrem Sitz, auf dem ein paar Kissen oder Polster lagen, war ein Bettkasten, der sich herausziehen ließ und eine bescheidene Schlafstelle ergab. Diese Schifferbänke waren ein Stück heimatlicher Handwerkskunst, ebenso wie die alten Hausbänke, die man in meiner Kindheit noch auf dem ganzen Fischland vor vielen Katen und vor allem auch vor den Schifferhäusern sah und die oft kleine Kunstwerke darstellten. Sie sollen von Seeleuten an Bord der Segler während der langen, geruhsamen Wochen unter dem Passatwind gearbeitet worden sein.
Zwischen den Fenstern stand die Kommode mit Photos und allerlei mitgebrachten Merkwürdigkeiten darauf, mit Muscheln und vor allem jenem Hundepaar, das aus England stammte und in kaum einem Fischlandhaus fehlte. Diese Hunde waren aus Steingut, meist weiß, mit roten Tupfen bemalt oder einer goldenen Kette um den Hals und mit einem unvergeßlich starren Blick aus gelb und schwarz gemalten Augen. Auch ein Buddelschipp stand dort, die berühmte Seemannsflasche mit dem eingebauten Schiff vor einem Hintergrund mit kleinen Holzhäuschen und grünen Palmen, alles in bunt durchgeknetetem Kitt fest eingesenkt. Auf einem Eckbrett thronte gern eine enghalsige Vase mit bunt gefärbten Gräsern, und an einer Stelle der Stube hing ein Schiffsbild, das Schiff, auf dem der Großvater gefahren war, manchmal auch ein sogenanntes Halbschiff unter Glas, eine Brigg oder Bark, die Segel aus Holz geschnitzt und über einem tiefblauen Hintergrund angespiekert.

Teppiche gab es in den Katen nicht. Der Fußboden war weiß gescheuert und fein mit Strandsand bestreut. Im Flur und in der Küche lagen Backsteine, die ab und zu frisch mit roter Farbe überstrichen wurden.
So sahen die Fischländer Katen aus, ehe die Fremden in ständig wachsender Zahl auf unsere Dörfer kamen.
Auf keinen Häusertyp des Fischlandes haben die Sommergäste so viel Einfluß gehabt, an keinem haben sie gewissermaßen so entscheidend mitgebaut, wie an dem Katen. Denn die alten Fischer, die Seemannswitwen, die Handwerker und kleinen Büdner waren am willigsten bereit, ihr Haus den Fremden zu öffnen. Für die Schifferfamilien wurde das Vermieten erst mit den Nöten des Seemannsberufes mehr und mehr eine Notwendigkeit. Um die Jahrhundertwende aber war unter den kleinen Leuten das Geld auf dem Fischland überaus rar, und wenn man es rein vom wirtschaftlichen Standpunkt aus betrachten will, ist gerade von den Büdnern sehr viel für den Fremdenverkehr geleistet worden.
Jahr für Jahr haben die Katenleute ihre Einnahmen mit großer Umsicht wieder in ihr Haus gesteckt, um es einbringlicher zu gestalten. Nach dem Vorbild des Schiffes, in dem alles auf engstem Raum untergebracht werden muß, haben sie aus dem nun einmal gegebenen überaus kleinen Ausmaß ihrer Häuser das Menschenmögliche an Vermietungsraum herausgeschlagen. Zuerst räumten sie natürlich den Gästen ihre beiden Vorderstuben ein. Dann kamen die Kammern dazu. Die Familie schlief in den Sommerwochen oben im Heu. War genug Geld aufgespart, um bauen zu können, wurde ein Stück vom Heuboden abgetrennt und dort eine Stube eingebaut, und zwar über der Haustür, mit einem neuen Giebel im Dach, dem sogenannten Frontspieß. Nach einigen Jahren kam auch auf der Rückseite des Hauses aus dem bisher glatten Rohrdach ein neuer Frontspieß heraus, so daß der Katen aussah, als hätte er Flügel bekommen. Die zweite Stube war also oben ausgebaut. Immer weniger Platz blieb für das Heu. So mußte schließlich die Kuh aus dem Stall, und das Wort stellte sich ein, daß man anstatt der Kuh die Fremden zum Melken hätte. Aus dem Kuhstall im Anbau konnte eine zweite Küche für die Gäste werden. Immer mehr Familien fanden in den Sommermonaten in diesen kleinen Katen Platz. Großvater und Großmutter waren in einen der Schuppen gezogen. Im Garten wurde eine Laube gebaut, vom Garten wurde ein kleines Stück den Kartoffeln und dem Gemüsebau entzogen, weil die Fremden

einen Liegeplatz haben wollten. Die beiden Vorderstuben hatten längst neue Fenster bekommen. Die alten, gemütlichen Scheiben mit den vielen Sprossen wurden durch wenige große ersetzt. Oft wurde auch die Wand ausgebrochen, um die Fenster höher und breiter zu machen. Die Truhe stand längst nicht mehr neben der Haustür im Flur. Dafür war ein Ständer angeschafft. Die Gäste brauchten so etwas, um ihre Mäntel aufzuhängen. Natürlich wurde auch die alte Stiege von der Küche oder vom Anbau zum Boden durch eine richtige Treppe ersetzt. Sie führte vom Flur zu den oberen Zimmern hinauf. Aus Flur und Küche wurden die Backsteine herausgerissen, weil sie sich schwer sauber halten ließen. An ihre Stelle kam ein grau gemusterter Terrazzo. Auch hier ging es nicht um Fragen der Schönheit, sondern allein um die Nützlichkeit. Das Küchenfenster war vergrößert worden, die Glocke und der alte Herd waren verschwunden, dafür ein neuer, leichter, transportabler Herd aufgestellt, dessen Rückwand mit Kacheln vom alten Herd abgesetzt wurde. Die ehemalige Katenküche war restlos in eine Allerweltsküche umgewandelt worden.

In den letzten Jahren vor dem ersten Weltkrieg hatte der Ausbau der Fischländer Katen seinen Anfang genommen. In den Jahren nach der Inflation wurde er mit neuen Hoffnungen eifrig fortgesetzt. Zuletzt waren von vielen Katen im Grunde nur noch die alten Außenwände geblieben. Dann wurde das Fischland von KdF überschwemmt. Das brachte noch viel mehr fremde Menschen, aber weniger Geld. Und dann — mancher Büdner hat Glück gehabt. Er hatte seine Kuh behalten, oder er kam an eine neue Kuh. Am besten sind heute die Büdner daran, die sich in den letzten Jahrzehnten einen Rest ihrer alten Lebensform bewahrt hatten. Sie fanden ohne Krampf den Weg in den Alltag des Büdners auf dem Fischland, wie er früher war, zurück, immer ein wenig ärmlich, aber krisenfest, beschützt vor wahrer Not.

Auf der Höhe der Chaussee, kurz vor dem Platz in Niehagen, der Kiel oder auch Keil genannt wird, stehen zu beiden Seiten einige massive Häuser, von denen eine Geschichte erzählt wird. Ahrenshooper Seeleute sollen, als in Preußen die allgemeine Wehrpflicht eingeführt wurde, Büdnerland in Niehagen gekauft und diese Häuser für ihre Söhne gebaut haben, um sie vor dem bunten Rock zu bewahren. Doch kaum waren die Häuser fertiggestellt, führte Mecklenburg ebenfalls die Dienstpflicht ein, und die Flucht aus Preußen über die Grenze ins Mecklenburgische hatte ihren Zweck verfehlt.

Diese Geschichte kann allerdings nicht wahr sein, denn die Häuser am Kiel sind erst rund hundert Jahre alt. Aber sie ist ein interessanter Beweis dafür, daß diese Häuser von den Alt- und Niehägern als Fremdkörper empfunden wurden. Man brauchte eine Erklärung für ihre Entstehung. Sie sind eines wie das andere in ihrer ursprünglichen Form Schifferhäuser.

Sie haben den Grundriß des Katens, haben ebenfalls rechts und links vom Eingang zwei Fenster zur Straße und zum Hofe hinaus den rechtwinklig angesetzten Anbau mit Stallungen und Nebenraum. Doch unterscheiden sie sich vom Katen nicht allein durch die massiven Wände, das harte Dach und das größere Ausmaß im ganzen. Sie sind ganz einfach keine Häuser für kleine Leute mehr, für Fischer, für Matrosen, Handwerker und Büdner. Sie atmen eine völlig andere Luft. Sie sind Wohnstätten von Menschen, die etwas zu sagen haben, die gewohnt sind, zu befehlen, Verantwortung zu übernehmen, auf sich selbst und auf der eigenen Entscheidung zu stehen.

Ihren so ganz richtigen Platz haben diese Schifferhäuser dort oben in Niehagen nicht. Sie stehen zu vereinzelt da. Ihnen haftet geradezu etwas Zufälliges an. Man versteht sie nicht ganz. Man versteht diese Häuser erst, wenn sie in einem Dorfverband liegen, so wie man sie in Wustrow, etwa in der langen Reihe der früheren Friedrich-Franz-Straße sieht, die heute Lindenstraße heißt. Diese Häuser vertreten nämlich nicht irgendeinen Besitzer, nicht eine Einzelperson, eine Familie allein, sie vertreten einen ganzen Stand, den Schifferstand. Immer wieder steigt vor ihrem Anblick der Vergleich mit alten, traditionsgebundenen Städten auf. Man denkt an Straßenzüge in Weimar, in Potsdam, in Ludwigslust, denen ebenfalls ein Stand wie der Fischländer Schifferstand die geschlossene Lebensform gab.

Eine kleine Merkwürdigkeit an diesen Häusern fällt einem schon in Niehagen auf. Sie haben an einer oder auch an beiden Giebelwänden ein eirundes Fenster, das dem Bullauge auf Schiffen gleicht. Ich habe viel danach gefragt, was es mit diesem Bullauge wohl auf sich haben kann, konnte genaues aber nicht herausbekommen. Immerhin hat man, wenn man in diesen Stuben sitzt, noch einen Utkiek zu jener Seite hinaus, die kein Fenster hat. Diese Bullaugen geben sozusagen einen kleinen, unscheinbaren Beobachtungsposten ab.

In den Schifferhäusern sind die Vorderstuben, verglichen mit den Katenstuben, hoch und groß. Auch dahinter liegt keine Kammer,

sondern ein größerer Raum. Er ist mit dem Vorderzimmer durch eine breite, weiße Flügeltür verbunden, auf deren Glasscheiben weiß lackierte, hölzerne Schmuckornamente liegen. Auch der Türrahmen ist gern mit Pilastern und Schnörkeln verziert. In den Vorderstuben sind Wandschränke eingebaut, ihre Glastüren sind mit Gardinen zugedeckt. Dahinter verwahrt die Hausfrau ihr tägliches Eßgeschirr. Der Flur, der wie beim Katen zur Küche weiterführt und oft selbst zu einer erweiterten Küche wird, hat die breite, leicht gewendelte Treppe zum oberen Stock, wo an beiden Giebelseiten schöne Zimmer, daneben schräge Abseiten liegen. Ein kleines Gemach kann auch noch unter der Fledermaus sein, die das Dach über der Haustür ein wenig wie ein Augenlid hebt.
Das Schifferhaus entstand beim ersten Bau bereits so, wie man es heute sieht. Es war daran nichts mehr zu verbessern. Nur verschlechtern konnte der Lauf der Zeit. Und das ist hier und da auch geschehen. Aus dem Fledermausfenster mit seiner sanft geschwungenen Form, an der der Wind sich nicht fangen kann, die er umstreichen muß, wie den Bug eines Schiffes, ist mitunter ein roh in die Höhe gereckter Frontspieß geworden, der schon von weitem gleichsam aussagt, daß die Bewohner dieses Hauses höher hinausgewollt haben. Sie wollten sich nicht mehr mit dem, was ihnen überlassen war, begnügen. Sie haben das ruhige Ebenmaß ihrer Front gegen ein weiteres, hohes Zimmer im Obergeschoß eingetauscht. Doch etwas anderes, sehr Merkwürdiges fällt einem bei manchen Schifferhäusern in Wustrow auf. Sie haben an einer

Seite der Haustür nicht zwei, sondern drei Fenster, hinter denen zwei Vorderzimmer liegen. Sie sind also gewissermaßen schief gebaut. Das Fledermausfenster steht nicht genau über der Tür; dennoch wird kein Gefühl der Unsymmetrie beim Betrachten wach. Es ist also, als wenn das Schifferhaus in seiner Vollkommenheit sogar eine solche, in seine ursprüngliche Anlage einbezogene Ungleichmäßigkeit verträgt.

Es gibt nichts Enges, nichts Gedrücktes im Fischländer Schifferhaus. Schon beim Eintritt weht einen etwas Festliches, Heiteres an, das nicht allein mit der geradezu blinkenden Sauberkeit zu erklären ist, sondern auf dem Ausgewogenen in allen Maßen, in jeder Wand, jeder Tür, beruht. Und wie praktisch ist das Haus in allem Betracht! Das hat vielleicht sogar ein wenig damit zu tun, daß der Seemann etwas vom Haushalt versteht, daß er an Bord nicht allein der Hausherr ist, sondern auch Hausfrau sein muß, und daß die Seemannsfrau nicht nur haushälterisch, sondern auch weltbefahren ist. Beide haben den weiten Blick, von dem das Schifferhaus in allem zeugt. Es ist in jeder Beziehung klug und überlegen durchdacht. Von der Küche, um nur ein Beispiel zu nennen, führt ein Fenster hinaus auf den Hof, so daß die Frau vom Herde aus immer den Hof übersehen kann. Dort steht der Brunnen, dort laufen die Hühner, spielen die kleinen Kinder. Dort wird im Sommer der Fisch geschuppt, das Gemüse geputzt. Anbau, Schuppen und schwarz geteerte Holzwand grenzen den Hof nach allen Seiten ab. Im Anbau ist eine zweite Küche; zum Waschen, zum Einmachen und zum Schlachten ist sie bestimmt. Ferner wohnen dort Kuh und Schwein. Es ist Platz für das Holz, für Handwerksgerät. Man hat alles Wichtige unter einem Dach.

In den Schifferhäusern sind die letzten alten Möbel aus des Fischlandes großer Vergangenheit zu finden, Eckschränke aus Mahagoni mit aufsteigenden Flammen, Schreibschränke mit blinkenden Beschlägen, barocke Kommoden aus dunklem Holz, prachtvolle hohe Kleiderschränke und Leinenschränke. An den Wänden hängen rundherum Schiffsbilder, die die Vorfahren sich von ihren Schiffen malen ließen. Man liest an ihnen die Geschichte der Seemannsfamilien ab. Das Schifferhaus ist erfüllt von Tradition.

Der Neuling auf dem Fischland fällt leicht dem Irrtum anheim, das Charakteristische des Fischlandes allein in seiner Landschaft zu sehen. Von den Häusern aus kommt man eines Tages auf den Gedanken, daß es ebensogut auch die Ölfarbe ist, nicht die Ölfarbe der Künstler, die aus Tuben und Paletten fließt, sondern die

andere, die ursprüngliche, die in einer alten Konservenbüchse angerührt wird.

Das Fischländer Haus ist gewissermaßen außen und innen in Ölfarbe eingehüllt, ähnlich dem Schiff. Und das Anstreichen wird auf dem Fischland wie eine heilige Handlung vollzogen. Man muß einmal zuschauen, wie der Seemann auf seinem Urlaub mit Pinsel und Farbtopf vor seinem Hause steht und liebevoll hingegeben seine Fenster, seine Läden und seine Haustür streicht. Nicht nur die Felder bekommen einen Farbton für sich, auch der Rand um die Felder herum wird mit einer anderen Farbe abgesetzt, und jeder zeigt dabei seinen besonderen Geschmack. Sparsam und bedächtig, wie es sich gehört, streicht der Seemann die Farbe auf.

An den Türen seiner Häuser hat der sonst so nüchtern wirkende Fischländer eine erstaunliche Phantasie entfaltet. Bei aller Übereinstimmung im Häusertyp hat jedes Haus aus früherer Zeit eine eigene Tür, seine besondere Tür, die wie sein Wahrzeichen wirkt. Man muß einmal umhergehen und sich die Häuser genau betrachten, um zu entdecken, wie abwechslungsreich und schön die alten Türen sind. Es ließe sich aus ihnen eine kleine Stilkunde entwickeln. Viele sind mit Emblemen der Seefahrt geschmückt. Gelegentlich sind auch prachtvolle alte Klinken und Türklopfer erhalten geblieben. Das sogenannte Darßer Motiv, die dick aufgelegte, hell gestrichene Sonne auf der dunkel gehaltenen Tür, die man in Born und Wieck und Prerow viel sieht, auch noch einmal

in Ahrenshoop finden kann, kommt auf dem eigentlichen Fischland nicht vor. Auch hier tritt deutlich erkennbar die alte Grenze des Fischlandes, die nicht nur eine politische, sondern auch eine gesinnungsmäßige Grenze war, heraus.
Seit den letzten Jahren haben die Fischlanddörfer einen ihnen bis dahin völlig fremden Sinn für naturfarbenes, lackiertes Holz entwickelt. So unbewußt, wie die Ölfarbe ein und alles für den Fischländer war, so unbewußt tritt jetzt mehr und mehr lackiertes Holz für Fenster, Fensterläden und Haustüren auf. Und noch scheint keiner zu sehen, welch ein Jammer das im Grunde für das Fischland ist, weil diese braunen, blinkenden Türen und Läden im Grunde ein Fremdkörper im Fischlandbilde sind und den alten ehrwürdigen Schifferhäusern und Katen nicht gut zu Gesicht stehen.
Vereinzelt kann man in Wustrow noch jene alten Holzbänke vor den Türen finden, die früher zu jedem Schifferhaus gehörten. Dort saßen die Alten am Abend, dort kamen die Nachbarn zu einem kleinen Schwatz zusammen. Diese Bänke, oft wahre Prunkstücke in Form und Verzierung, sind bis auf wenige Exemplare aus dem Dorfbild verschwunden. Sie vermoderten und mußten schließlich zu Kleinholz gemacht werden. Die junge Generation hat zur Herstellung solcher Dinge keine Zeit mehr und wohl auch nicht mehr den rechten Sinn.

In der Althäger Dorfschule wurde der Bruderzwist zwischen Kain und Abel durchgenommen: Der Lehrer fragte: „Was tat wohl Kain, nachdem er seinen Bruder erschlagen hatte?“ Sofort rief ein Junge: „Ierst würd hei konfirmiert, un dann güng hei to See!“

Diese Geschichte wird auf dem Fischland in verschiedenen Formen erzählt; jeder möchte sie am liebsten selbst erlebt haben. Sie ist ein Zeugnis dafür, daß es auf dem Fischland seit Jahrhunderten im Grunde nur einen Sinn und ein Ziel des Lebens gab, das war die See und die Seefahrt. Der Fischländer Junge kannte keinen anderen Lebensweg, als zur See zu gehen.

Die Fischländer Bevölkerung ist das seefahrende Volk an sich. Die Menschen dieses schmalen Landstriches hatten als Seeleute einen so guten Namen, daß sogar der Historiker Treitschke in seinem Geschichtswerk über das Neunzehnte Jahrhundert „der wetterfesten Kapitäne aus dem Fischland“ gedenkt. Daß dieser Wahlpreuße Treitschke die verhängnisvolle Einseitigkeit unseres Geschichtsbildes wesentlich mitverschuldet hat, kann für das Fischland die Bedeutung seiner Worte nicht schmälern. Wir wollen nun aber nicht, so wie er überpreußisch war, überfischländisch werden und die Vermutung unterdrücken, daß Treitschke wahrscheinlich auch an die Dörfer Dierhagen und Dändorf dachte, die zwischen Wustrow und Ribnitz liegen und ebenfalls Seemannsdörfer ersten Ranges sind. An der Wasserkante sagte man von den Fischländer Kapitänen und Matrosen kurzerhand: „Dee sünd von't Land.“ Das genügte, um ihre Herkunft anzuzeigen; ein größeres Lob für das Fischland als Heimat der Fahrensleute läßt sich kaum denken. An der Wasserkante wird auch von den „Vereinigten Staaten“ gesprochen. Damit sind unsere Fischländer Dörfer gemeint, die trotz ihrer ausgesprochenen Verschiedenheit in dieser Beziehung eines Geistes sind, und das ist der Geist der Seefahrt.

Aus den Kämpfen um den Seehafen südlich von Wustrow wissen wir, daß die Getreideausfuhr der Fischländer der Anfang ihrer Seefahrt war. In den Akten des Großherzoglichen Archivs aus dem Jahre 1865 wird berichtet, daß die Bauern des Amtes Ribnitz ihr Getreide zu Wasser nach Lübeck brachten. 1703 kam zu den Akten, daß die Rostocker die mit Gerste beladenen Schiffe der

Fischländer auf der Lübeckfahrt anhielten. Auch Holz aus dem Darß ist zu jener Zeit vom Fischland nach Kopenhagen und anderen Orten verschifft worden. Vom Ende dieses Jahrhunderts haben wir die bedeutungsvolle Nachricht, daß ein Schiffszimmermann aus Wustrow mit Namen Hinzmann eine Galeasse baute. So war also der Fischländer nicht mehr allein Seemann und Exporteur auf eigenen Schiffen, er war auch unter die Schiffbauer gegangen und hatte sich damit den gesamten Bereich der Schiffahrt zu eigen gemacht.

Ein halbes Jahrhundert später heißt es in einem Schriftstück der herzoglichen Kammer, das von den Einwohnern des Fischlandes handelt: „Viel von ihnen bauen sich compagnieweise kleine und mittelmäßige Fahrzeuge. Sie begnügen sich nicht damit, Dänemark zu befahren. Sie gehen bis nach Rußland und in die Nordsee nach Holland.“ Damit stehen wir schon mitten in der großen, ja, der goldenen Zeit des Fischlandes, deren Glanz noch heute über dem Lande liegt, deren Geist weiterhin in den Menschen lebt und deren Ausklang noch persönliches Erlebnis der alten Leute ist, die unsere Tage auf dem Fischland mit uns teilen.

Es kann also heute noch geschehen, daß man in Wustrow in einem Schifferhaus gemütlich und als wäre nichts Ungewöhnliches dabei, mit einer Seemannsfrau Kaffee trinkt und Plätzchen ißt, die nahezu acht Jahre lang ihren Mann auf seinen Fahrten begleitet hat, und zwar nicht etwa auf einem Dampfer, sondern auf einem Segler, und zwar nicht auf dem Segler irgendeiner Reederei, sondern auf der Bark „Nelson“, die Eigentum ihres Mannes und ihrer Familie war.

Natürlich fängt man dann gleich aufgeregt zu fragen an. Wie lebte es sich an Bord? Wie war das Wetter? Wo überall sind Sie gewesen? War es nicht manchmal unheimlich und gefährlich, unter Segeln zu sein, wenn Unwetter kam? Wie ging es mit den Kindern? Lauter solche und andere, gewiß recht törichte Fragen stellt man sofort. Nun folgen einige von den gelassenen Antworten, die man darauf bekommt:

„Das Wetter? — Mein Mann hatte eigentlich immer gutes Wetter. — Ja, 1888 sind wir nach England gefahren, dann weiter nach La Plata, um Kap Horn nach Valparaiso und Iquique — nun ja, bei Rosario, da saßen wir mal fest. Mein Mann war dann unterwegs, um einen Leichter zum Löschen der Fracht zu beschaffen. Ich blieb an Bord zurück. Dann kam der Sturm. Aber der erste Steuermann sagte gleich: „Es geht noch alles gut.“ Und wirklich tanzte plötzlich das Schiff. Wie habe ich mich gefreut! — Ich hatte zuerst meine ganze Wirtschaft mit, auch meine beiden ältesten Kinder. Aber denen gefiel es später zu Hause besser, weil sie an Bord nicht so gut spielen konnten wie im Garten und auf der Straße. Unser Logis war unter Deck. Alle Logis lagen damals unter Deck. Wir hatten eine Kajüte mit Sofa, eingebauten Schränken und einem großen, viereckigen Ausziehtisch. Und dann einen Gang mit einem eingebauten Spiegelschrank, anschließend eine Schlafstube und ein Logis für die Kinder. Das lag alles mittschiffs, denn dort war es im Winter schön warm und im Sommer, wenn das Wasser heiß war, kühl. Wenn mein Mann und ich im Hafen lagen und allein waren, habe ich gekocht. So lange ich meine Kinder bei mir an Bord hatte, war mir alles andere gleich. Was kommen mußte, mußte gut sein. Aber dann mußte ich wegen der Schule die beiden ältesten Kinder zu Hause lassen. Da sagte ich unterwegs zu meinem Mann: „So, Vater, das ist nun das letzte Mal, daß ich solche Reise mitmache. Die Kinder allein lassen, das geht nicht mehr!"

Auf den ersten Reisen dieser Seemannsfrau waren die Weltmeere noch voll von Seglern. Aber 1892 waren die Segler schon selten geworden. Da fuhren Dampfer nach Iquique, um Salpeter zu holen, und der „Nelson" wurde verkauft, zumal er zu viel Ballast brauchte, wenn er ohne Fracht fuhr, und darum zu hohe Unkosten verursachte.

Die große Zeit der Fischländer Seefahrt und der Fischländer Reeder war jene Zeit der Segelschiffahrt. Da konnte der Fischländer Herr und Eigner seines Schiffes sein. Um 1800 herum waren 70 Schiffe im Besitz von Fischländern. 1862 zählte die auf dem Fischland beheimatete Flotte 132 Schiffe, und 1899, als die Dampfer aufgekommen waren, bestand sie noch aus 89 Schiffen. Diese Schiffe repräsentierten einen Wert von rund 2 225 000 Mark. Ein Drittel dieser Summe war Eigentum von Fischländer Familien. Das Fischland war also reich, denn Wustrow, Alt- und Niehagen zusammen hatten im ganzen nur ungefähr 2000 Einwohner.

Mit dem Besitzverhältnis an diesen Schiffen war es nun so bestellt, daß diese Schiffe im wesentlichen Familieneigentum waren. Nicht nur der Schiffer allein, sondern ein ganzes Geschlecht baute ein Schiff und nahm an seinen Gewinnen und seinen Verlusten teil, je nach den Einsätzen, die man Parten nannte. Das Schiff und die Besitzer seiner Parten stellten ein festes Bindeglied unter den Fischländer Familien dar. Wie oft gehörte zur Aussteuer einer

Braut ein Schiffspart dazu, oder die neue Verwandtschaft tat sich zusammen, um einem jungen Seemannspaar ein Schiff mit auf die Lebensfahrt geben zu können. In der Beschreibung Mecklenburgs aus dem Jahre 1861 von Ernst Boll steht in dem Abschnitt über das Fischland geschrieben: „Nur Schifferkinder, und zwar eines und desselben Dorfes, pflegen sich untereinander zu heiraten, so daß z. B. unter den 110 Schifferfamilien Wustrows nur wenige vorhanden sind, die nicht durch Abstammung oder eheliche Verbindung mit einander verwandt waren, und daher kommt es, daß jedes Dorf seine vorherrschenden Familiennamen hat (Wustrow z. B. die Namen: Bradhering, Voß und Niemann), die so häufig vorkommen, daß man zur Verständigung den Schiffsnamen mit dem des Capitäns verbindet, ja nicht selten den Schiffer nach seinem Schiff benennt. Heirathen zwischen jungen Leuten aus verschiedenen Dörfern gehören zu den Seltenheiten, denn es besteht zwischen den einzelnen Ortschaften eine Art von nationaler Abgrenzung und die Bewohner des einen Dorfes behaupten, die des anderen an Sprache, Gang und Sitte zu erkennen und wissen der Unterscheidungsmerkmale gar viele."
Freischiffer hießen die Kapitäne, die über die eigenen Deckplanken gingen und zugleich ihre eigenen Reeder waren.
Allmählich wurde das Frachtgeschäft, vor allem durch die Einschaltung der Telegraphie, zu kompliziert. Es traten die sogenannten Korrespondentreeder auf, Mittelspersonen, die für die Schiffer und die Besitzer der Parten das Frachtgeschäft übernahmen, die Abrechnung besorgten und die Gewinne verteilten. Auch diese Korrespondentreeder hatten oft einen Anteil am Schiff. Sie wurden schon beim Bau eines Schiffes herangezogen und beschafften die Parten, die die Familie des Schiffers allein nicht aufbringen konnte. Bis weit in das mecklenburgische Binnenland hinein wurde die Bevölkerung mehr und mehr an der Schiffahrt interessiert. Rostocker Handwerker, Bauern, Gutsbesitzer, alle legten gern ihre Ersparnisse und ihr Vermögen in Fischländer Schiffen an, denn das bedeutete ein gutes Geschäft. Noch heute wird von dem Goldstrom gesprochen, der durch den Krimkrieg auf das Fischland floß. Damals machte die Fischländer Flotte kühne Fahrten als Blockadebrecher gegen England und Frankreich nach dem Mittelländischen und dem Schwarzen Meer. Bis zu 250 Prozent Reingewinn ist auf diesen Fahrten erzielt worden. Das war die letzte Glanzzeit der Fischländer Seefahrt. Gleich nach dem Krimkrieg brach die Krise aus. Die Konjunktur hatte zuviel Frachtraum er-

zeugt. Die Frachten fielen. Es blieb kein Gewinn mehr. Dazu trat die Wende im Schiffbau ein, die der letzten Selbständigkeit der Schiffer ein Ende bereitete. Der hölzerne Schiffskörper wurde durch einen eisernen ersetzt. Die Segel wurden gestrichen. Die Maschine als Antriebskraft trat an ihre Stelle.

Zu den letzten Schiffen der Fischländer Flotte gehören die Barken „Rudolph Josephi", „Georg Suppicich" und „Nordstern", sowie, als eiserne Schiffe gebaut, die Fregatte „Poonah", die Barken „Anna Schwalbe" und „Frieda Mahn". Die beiden größten Schiffe, die unweit vom Fischland auf der Werft in Damgarten für Wustrower Schiffer gebaut worden sind, waren die Barken „Anna Precht" und „Polly Stott".

Das Erbe jener hochgemuten Zeit lebt auf dem Fischland fort. Es wurde nicht vertan, und es wird nicht vergehen, so lange Schiffe über die Meere fahren und der Fischländer lebt.

Von den drei Fischlanddörfern ist Wustrow das ausgesprochene Schifferdorf. Das prägt sich heute wieder durch die großen Neubauten für seine Seefahrtschule aus. Es haben auch in Alt- und Niehagen Kapitäne und Steuerleute gewohnt. Aber das Leben in diesen Dörfern und das Wesen ihrer Menschen wird nicht wie in Wustrow vom Schifferstande bestimmt, sondern vornehmlich von der Landwirtschaft und Fischerei. Es ist auch heute noch der Stolz der alten Wustrower, daß an der Spitze ihrer Gemeinde kein Schulze stand, sondern auf Grund eines Großherzoglichen Privilegs ein Vogt.

Der Fremde, der für ein paar Wochen nach Wustrow kommt und seine Tage am Strande verbringt, merkt allerdings wohl kaum etwas von der großen Fischländer Vergangenheit.

Aber das liegt an ihm selbst. Nur für ihn ist der Wald der Masten unsichtbar, der sich aus diesem Dorf von den namenberühmten Briggs und Barken erhebt, deren Bilder in den Schifferhäusern hängen, deren Geschick das Geschick der Häuser und ihrer Schifferdynastien bestimmt hat. Nur der Fremde sieht die Segel nicht, die sich wie ein geheimnisvolles Zelt über die ganze Ortschaft spannen. Nur er spürt die Fäden nicht, die von Wustrow über alle Meere gezogen sind. Er steht auf der Düne, blickt über die Ostsee und ahnt nicht, daß vor ihm die Reede von Wustrow liegt, auf der die Segler im Frühjahr viele Tage, manchmal sogar wochenlang vor Anker gingen, um auf den rechten Wind zu warten. Die Schiffe waren aus dem Breitling bei Warnemünde ausgelaufen und bis zur Wustrower Bucht gefahren. Ein reger

Verkehr entwickelte sich nun zwischen Bord und Land. Der Vater, die Brüder, die Söhne setzten an Land. Sie holten ihre Frauen an Bord. Sie wohnten auch während der Wartezeit gern noch einmal zu Haus, halfen im Garten, ackerten auf dem Felde und machten sich nützlich, bis der erwünschte Wind aufkam, die Segel gesetzt, die Anker gehievt wurden und die Fahrt in die Ferne begann, die erst kurz vor dem Winter ihr Ende fand, in den Wochen vor den Herbststürmen, in denen das Fischland auf die Heimkehr der Seeleute wartete. Mitunter waren die Familien die ganze Zeit über ohne Nachricht von den Ihren geblieben.
Es wird in Wustrow gern die kleine Geschichte von zwei Seemannskindern erzählt, die ihrem Vater sein Leibgericht, gekochten Grünkohl, nach Warnemünde bringen sollten, wo er mit seinem Schiff bereit zur Ausfahrt am Breitling lag. Als die Kinder glücklich am Strande entlang mit ihrem Grünkohltopf bis Müritz gelaufen waren, sahen sie plötzlich draußen auf See des Vaters Schiff. Und der Vater, der mit seinem Kieker den heimatlichen Strand absuchte, entdeckte seine Kinder, schickte ein Boot aus und ließ sich den Topf Grünkohl an Bord holen.
Zur Zeit der Segelschiffahrt war das Jahr säuberlich in zwei Teile geteilt. Der Sommer gehörte der See, der Winter dem Land. Erst die Dampfschiffahrt führte auch hier einen Wandel ein und machte die Seemannsfrau tatsächlich zu einer ewigen Braut.
Ehe die Jungen die Schule verließen, fragte man auf dem Fischland nicht: Was willst du werden? Man fragte: Wer nimmt dich mit? Alljährlich wurde die Konfirmation vorverlegt, damit die Jungen die Ausfahrt nicht versäumten. Mit einem Jungen, der nicht zur See gehen wollte, wurde nicht gespielt. Ein Junge, dessen Vater der Segelschiffahrt untreu geworden war und auf einen Dampfer übergegangen war, wurde, wie ein alter Schiffer aus seiner Kindheit erzählt, nicht „ästimiert". Von den 19 Jungen, mit denen dieser alte Kapitän konfirmiert worden war, gingen 15 zur See. Diese halbwüchsigen Jungen wurden in Wustrow die Dreiknöpers genannt. Sie durften nämlich noch keinen richtigen Männerrock mit Aufschlag tragen. Sie gingen in einem Jäckchen ohne Kragen, das mit drei Knöpfen geschlossen wurde. In ihrem letzten Schulwinter liefen die Jungen, deren Vater kein eigenes Schiff besaß, auf dem er sie mitnehmen konnte, von Haus zu Haus und fragten bei allen Schiffern an, ob sie nicht mitgehen dürften. Indessen machte die Mutter ihr Zeug fertig, und die Schiffskiste wurde gepackt.

Von der Ausfahrt der Fahrensleute im Frühjahr kann man rundum auf dem Fischland viel erzählen hören. Es gab für das Fischland noch keinen Anschluß an die Eisenbahn. Die Strecke zwischen Rostock und Ribnitz wurde erst 1889 gebaut. So fuhren die Fischländer Bauern die Seeleute bis an ihre Hafenstadt. Sie machten mit ihren Wagen, die man Godswagen nannte, lange Reisen bis nach Wismar, nach Lübeck oder Stettin. Die Seeleute nahmen Proviant für die Fahrt mit: Schwarzbrot, Kaffee in Kruken, Speck, mitunter einen ganzen Schinken und geräucherten Fisch. Zuerst holten die Bauern die Matrosen aus den Dörfern Born und Wieck auf dem „swarten Darß“ ab. Dann kehrten sie auf unserem alten Schulzengehöft in Althagen ein, dessen Vorplatz der Schultenwault hieß. Wo heute noch die uralten Birnbäume stehen und die Bauernpferde grasen, war damals ein Tanzsaal gebaut, denn zum Schulzengehöft gehörte von alters her ein Krug. So gab es, wenn die Matrosen dort einkehrten, noch einen lustigen Abend mit Abschiedsball. Am nächsten Tage wurden in Wustrow die Schiffer aufgeladen, die Reise zur Hafenstadt begann, und in den Fischlanddörfern blieben nur die Frauen, die Kinder und die Alten zurück.
Der Sommer in Wustrow war still und mit emsiger Arbeit für Haus

und Garten und Feld angefüllt. Es wurde in allen Häusern überaus sparsam gelebt, fast ausschließlich von dem, was die Büdnerei ergab. Man hatte mit Kuh und Schwein und den Hühnern alles Nötige im Haus. Frisches Fleisch wurde nur zu Pfingsten und sonst höchstens zwei-, dreimal noch im Jahre gekauft. Vergnügungen, die Geld kosteten, kannte man nicht. Erst im Winter entfaltete sich mit der Heimkehr der Männer ein geselliges und fröhliches Leben im Dorf.

Die Schiffer brachten von ihren Reisen köstliche Dinge mit, Delikatessen aus aller Welt, Kaffee in Säcken, Wein in Fässern. Doch als erstes nach ihrer Heimkehr verteilten sie auf der Diele ihres Hauses das letzte Hartbrot vom Schiffsproviant an alle Kinder in der Nachbarschaft. Jeder Junge bekam davon seine Mütze voll.

Der Höhepunkt des Fischländer Winters war der Wustrower Schifferball. Damals hatte auf dem Fischland jeder Stand seinen eigenen Ball. Es gab also auch einen Steuermannsball, einen Handwerkerball und einen „Burenball". Aber das strahlendste Fest war der Ball des Schifferstandes, denn der Schifferstand gab den Ton in Wustrow an. „Schippernagel" wurde der Standesstolz der Schiffer und ihrer Frauen genannt.

Am Schifferball nahmen nach alter Tradition also nur die Schiffer mit ihren Familien und die Hinterbliebenen der Schiffer, sogar alle Kinder der Schiffer teil. Die kleinen Mädchen ließen sich schon vom achten Lebensjahr an für den nächsten Tag in der Schule freigeben, denn sie wollten „zu Ball". Für dieses Fest wurde der höchste Staat gemacht. Alle Damen erschienen in Seide mit Schleppe, alle Herren in feierlichem, langem Gehrock. Die jungen Mädchen trugen das weiße Batistkleid, das für alle Tanzwinter ihrer Mädchenzeit ausreichen mußte, und darüber das wärmende Balltuch, das jede zur Konfirmation bekam. Man tanzte Française und schwedische Quadrille und die mecklenburgische Bauernquadrille, den Kegel. Besonders beliebt war ein Tanz, bei dem jeder Herr zwei Damen führte. Er hieß „Freut euch des Lebens".

Ganz Wustrow stand in jenen Tagen im Zeichen des Schifferballs, den ein Festkomitee vorbereitet hatte. Er fand im Saal bei Norden oder bei Voß statt, wo an den Wänden Bänke für die Damen aufgestellt waren. Die Herren saßen nicht. Sie standen in den Pausen zwischen den Tänzen in der Tür. Den Ball leitete an langer Festtafel ein Essen ein, dessen Speisenfolge und Getränke mit größter Sorgfalt und ohne jede Rücksicht auf Sparsamkeit

zusammengestellt waren. Wenn die Uhr Mitternacht schlug, gingen die Damen und Herren in die oberen Räume des Hotels zum „Punschen". Morgens um drei Uhr wurde Kaffee mit Platenkuchen gereicht. Die letzten Gäste wurden am Morgen gern von der Musik nach Haus gebracht.
Der Schifferball war also allein dem Schifferstande vorbehalten. Einmal geschah es, daß eine Wustrower Familie dazu eingeladen worden war, die diesem Stande nicht angehörte. Da erhob sich ein alter Kapitän von der Tafel und sagte entrüstet: „Dat is keen Schipperball mehr — de hebben ja ok ehren eigenen Ball — hier gah ick nicht wedder hen!" Damit verließ er den Saal.
Es ist kein Zufall, daß Wustrow die Navigationsschule besaß, die sich neben den Schulen in großen Küstenstädten wie Hamburg und Stettin wohl sehen lassen konnte. Nicht nur Wustrow allein, das ganze Fischland hatte sich diese Schule ehrlich verdient. Auf eigene Faust hatte das Fischland schon lange für die seemännische Ausbildung seiner Jungen gesorgt. Der erste Seefahrtlehrer auf dem Fischland war ein Dorfschulmeister in Althagen, der den merkwürdigen Namen Cyrus trug. Er lebte in der zweiten Hälfte des 18. Jahrhunderts und wohnte in der heutigen Büdnerei 52, die das Althäger Schulhaus war. Er unterrichtete seine Jungen bereits fachmännisch in Mathematik und Navigation. Er bereitete sie aufs beste für ihren Lebensberuf vor.
Dann nahmen in Wustrow und auch in Althagen einige alte Kapitäne, die für immer auf dem Fischland vor Anker gegangen waren, die Sache in die Hand. Sie erteilten den jungen Fisch-

länder Seeleuten während der Winterruhe Unterricht und brachten ihre Schüler so weit, daß sie auf dem Amtshause in Ribnitz die vorgeschriebene Prüfung ablegen konnten. Die Wustrower Volksschule hat damals ebenfalls im Dienst der Seefahrt gestanden. Dort wurde bis zum Ende des letzten Jahrhunderts eine Fremdsprache, und zwar Englisch, unterrichtet. Auch das Pensum in Mathematik und Zeichnen war auf die Seefahrt zugeschnitten. Die Kurse der alten Schiffer entwickelten sich allmählich zu einer kleinen privaten Seefahrtschule, aus der 1846 die Großherzogliche Navigationsschule hervorging, die ein Jahr später bereits ihr eigenes Gebäude auf dem Stegberg in Wustrow bekam, der Kern jener stattlichen Navigationsschule, mit der Wustrow sich in unserem Jahrhundert großen Ruf erwarb.
Diese Schule hatte eine Vorbereitungsklasse, einen Lehrgang für Steuerleute und einen Lehrgang für Schiffer auf großer Fahrt. Sie brachte durch ihre Schüler — die Mütter werden es mir verzeihen, weil es die Wahrheit ist — alle Jahre eine neue Auswahl von Schwiegersöhnen auf das Fischland. So waren die Seefahrtschüler als Mieter in allen Häusern gern gesehen. Wie hübsch war es immer, wenn die Wustrower Frauen von „ihren" Schülern sprachen. Das ganze Fischland zitterte in der Examenzeit mit jedem seiner Schüler. Stolz waren die Frauen und Töchter, wenn ihr Schüler, ihr Tänzer, ihr Bräutigam nach dem Examen beim festlichen Umzug durch das ganze Dorf eine weiße Schürze trug, zum Zeichen dafür, daß er mit Auszeichnung bestanden hatte. Und etwas Schöneres gab es für die jungen Fischlandmädel nicht, als die Feste des Schülervereins „Poseidon", die zu den ausgelassensten Bällen gehörten, die Wustrow je gesehen hat.
Ursprünglich war Ribnitz als Sitz der Seefahrtschule vorgesehen worden, aber die Ribnitzer Stadtväter lehnten die Schule ab. Sie fürchteten, die vielen jungen Seeleute könnten auf den Straßen zu laut „randalieren". Aber die Fischländer hat das niemals gestört. Jedenfalls nicht im ganzen gesehen. Der einzelne war wohl einmal ärgerlich, wenn er jeden Morgen seine Gartenpforte ausgehängt fand, oder wenn er durch „Längssingen" der Schüler in seiner Nachtruhe gestört wurde, oder am Morgen auf der Schwelle seines Hauses über einen Haufen Dung stolpern mußte. Auch Propst Vermehren war wohl nicht gerade begeistert, als die Schüler einen seiner Stallhasen am Flaggenmast des Pfarrhofes hochgehißt hatten. Der Wustrower Bauer hat sich natürlich ebenfalls baß gewundert, der eines Morgens seinen Leiterwagen auf

dem First seiner Scheune stehen sah. Aber ganz gewiß ist keiner den Schülern lange gram gewesen, denn das Fischland hatte seine Schule und seine Schüler lieb und war stolz auf sie. Man muß auch bedenken, daß die Navigationsschule den Weg zum Schifferstand für jeden Jungen öffnete, ob er durch die Dorfschule gegangen war oder durch das Gymnasium. Es kam nur auf den Seemannsgeist an und auf die Willenskraft, nach den Jahren der ersten Fahrtzeit auch auf geistigem Gebiet alle Kräfte zu entfalten. Gerade für unsere Fischländer Jungen, die nur die Dorfschule besucht hatten, war es gewiß keine Kleinigkeit, wieder auf die Schulbank zu gehen und theoretisch das Kap Horn zu runden, sich Mathematik und Meteorologie, Astronomie und Physik zu eigen zu machen. Wie oft brannte noch lange in der Nacht Licht in den kleinen Stuben, wo der Schüler mit rauchendem Kopf saß, nur das hohe Ziel vor Augen, vom Deck des Matrosen auf die Brücke des Kapitäns zu steigen, Herr über das Schiff und seine Besatzung zu werden, höchste Verantwortung für Menschenleben und fremdes Gut zu tragen. Von hier aus gesehen wird man verstehen, daß es mit dem Schifferstand etwas Besonderes auf sich hat, daß ein eigener Glanz über den Gestalten der alten Fahrensleute auf dem Fischland liegt. Sie sind die letzten einer Epoche, die nicht wiederkehrt, und die nun auch langsam aus dem Kraftfeld der mündlichen Überlieferung entweicht.

Ich habe mir oft die Frage gestellt, warum bei dem großen Reichtum, der im vergangenen Jahrhundert in den Wustrower Schifferfamilien bestand, das Leben dennoch einfach und dörflich geblieben ist. Man feierte zwar im Winter seine großen Feste, doch wir erzählten schon davon, daß die jungen Mädel damals für ihre ganze Jugendzeit nur dieses eine weiße Batistkleid besaßen, das nach späterer Mode durch das Musselinkleid abgelöst wurde. Die Petroleumlampe mit dem Rundbrenner wurde nicht etwa alle Tage angezündet, man begnügte sich im allgemeinen mit der Küchenlampe, die den sparsamen flachen Docht hatte. Beispielsweise galt Reis, weil man ihn beim Kaufmann kaufen mußte, für ein vornehmes Essen und wurde immer bei Hochzeiten aufgetischt. Da viel Milch zum Reis gehörte, erbat man sich die Milch dazu im kupfernen Kessel aus der Nachbarschaft und gab als Gegengabe ein wenig vom Hochzeitsreis. Kaffee war bis zum Ende des Jahrhunderts für Wustrow ein solcher Luxus, daß man von jemandem, der in Schulden gekommen war, sprichwörtlich sagte: „de Kaffee rök ut de Dör“. Auch einen Mantel haben die

Wustrower Frauen im vergangenen Jahrhundert kaum gekannt. Sie bekamen zur Aussteuer ein buntes Umschlagtuch und für Trauerzeiten ein schwarzes Umschlagtuch mit. Übrigens trugen alle Frauen bei Beerdigungen zu diesem schwarzen Umschlagetuch ein weißes Kopftuch, das Folgetuch. Die älteren Leute sprechen mit Wehmut davon, daß dieser schöne Brauch mehr und mehr abgekommen ist und trotz aller Versuche nicht wieder aufleben will; denn man konnte sich nichts Ernsteres und Feierlicheres vorstellen als ein Fischländer Trauergefolge mit den schwarzen Zylindern der Männer und den weißen Folgetüchern der Frauen. Damals wurden übrigens auch in Wustrow noch, wie heute in Alt- und Niehagen, die Toten nicht von bezahlten Leichenträgern getragen, sondern das Tragen ging Haus bei Haus um. Die drei Kirchenglocken in Wustrow wurden zur Beerdigung immer von Frauen geläutet.

Ja, weshalb zerstörte der Wohlstand auf dem Fischland nicht die einfachen Lebensformen, weshalb blieb jeder der bescheidenen Lebenshaltung treu, und keiner kam etwa auf den Gedanken, sich statt des schlichten Schifferhauses so etwas wie eine Villa zu bauen?

Ich glaube, das verdanken wir nur der Kuh und dem Schwein im Stall. Kuh und Schwein haben auf dem Fischland immer den Zuschnitt des Lebens bestimmt, nicht der Geldbeutel, noch das Konto auf der Bank. Das Vieh hielt das Leben in Wustrow im alten, guten Gleis. Man brauchte das Schifferhaus, weil es nun einmal keinen Villenstil gibt, der Kuh, Schwein, Huhn und Mensch unter einem Dach vereint. Und auch die Frau des Schiffers dachte real. Sie fühlte sich niemals gefeit vor Schicksalsschlägen, wie sie die Seefahrt jeden Tag bringen kann. Darum hielt sie an der dörflichen Lebensform fest, der Weisheit des Volksmundes gemäß: „De Kauh deckt di den Disch." Erst die Fremden haben es fertiggebracht, vielfach das noble Gleichgewicht des Lebens in den Fischländer Familien zu stören.

Bis vor wenigen Jahren gab es in Wustrow noch die Börse; so hieß die regelmäßige Zusammenkunft der alten Fahrensleute an der Pastorscheune beim Hafen. Dort trafen sich die Schiffer am Vormittag und auch am Nachmittag und wanderten miteinander auf und ab, mit genau so vielen Schritten, wie sie es von Bord her gewohnt waren. Dabei wurden Neuigkeiten ausgetauscht. Aber der Fischländer Seemann ist kein gesprächiger Mensch. Die Worte kommen meist nur zögernd und vereinzelt, wie Tropfen,

aus dem Munde, und am liebsten hat er es, wenn man schweigt. So brachte einmal ein Schiffer seinen Sommergast zur Börse mit. Der schloß sich den hin und her Wandernden an, und weil ihm das Schweigen schließlich unhöflich schien, machte er eine kleine Bemerkung über das schöne Wetter. Antwort darauf bekam er nicht, doch dem Schiffer wurde bedeutet, seinen Gast nicht wieder mitzubringen. „De Kierl, de räd't uns tau veel."

Es stimmt nachdenklich, daß sich seit der Jahrhundertwende auch in den kleinsten Bereichen unseres Lebens einschneidende Wandlungen gezeigt haben, die schließlich vereint den großen Strom ergeben, der alles Gewesene mit sich fortreißt und dessen Mündung uns doch unbekannt ist. Wohin man auch blickt, überall ergibt sich ein gleiches Bild. Immer mehr schwinden die Voraussetzungen dahin, auf denen unsere bis dahin üblichen Lebensformen aufgebaut waren. Das geschieht mitunter auf eine geradezu geheimnisvolle Weise.

Der Wandel im Schiffahrtsleben, der sich auf dem Fischland ergab, liegt allerdings auf der Hand, dagegen ist es in vieler Beziehung ungeklärt, weshalb die Fischerei an unserer Küste einen so großen Rückgang erfahren hat, daß der Name „Fischland" eigentlich nicht mehr zu Recht besteht. Heute klingt es wie ein Märchen, wenn die alten Leute vom Fischfang in ihrer Jugendzeit erzählen, vor allem von der Wadenfischerei am Strande. Dann leuchten die Augen, und das Herz kann nicht fassen, warum uns gerade in diesen Zeiten der Not das Meer seinen Segen so härtnäckig vorenthält!

Die Wadenfischerei wurde von Wustrow bis Ahrenshoop im großen Stil betrieben. Kaum kamen im Herbst die Schiffer und Matrosen an Land, wurden die Waden herausgeholt. Solch eine Wade war zwar an Wert nicht mit einem Schiff zu vergleichen. Immerhin kostete das über 200 Meter lange und vier Meter hohe Netz mit den mehrere hundert Meter langen Leinen ein so erhebliches Stück Geld und brauchte viele Mann zu seiner Bedienung, daß sich um jede Wade eine Wadenkompanie zusammenschloß. Wenn Frauen einen Part zur Anschaffung und zum Betrieb einer Wade dazugaben, dann stellten sie einen Mann für die Wadenkompanie, den man den Lottmann nannte. Als Lottmänner arbeiteten auf dem Fischland meist Leute von der anderen Seite des Boddens, aus Langendamm, die zur gegebenen Zeit herüberkamen.

Die Wadenkompanie wohnte während der Fangzeit geschlossen in kleinen Buden dicht am Strande, weil mit nur geringen Unterbrechungen Tag und Nacht gefischt wurde. Jede dieser Buden hatte ihren eigenen Namen. Die eine, die „Niee Bude", war in Wustrow noch bis vor dem ersten Weltkrieg in Betrieb.

Köstlich hat mir ein altes Ahrenshooper Mitglied einer Wadenkompanie erzählt, welch ein ungebundenes, rauhes Männerleben damals mit der Wade und in ihrer Bude geführt wurde. Zuerst wurde vor Beginn der neuen Fangzeit die Wade hergerichtet. Draußen bei offenem Feuer wurde Wasser heiß gemacht, mit einer eisernen Kugel, die im Feuer geglüht worden war, wurde der Teer angewärmt. Zwei Männer mußten mit hohen Stiefeln im Kübel das Netz hinuntertreten. Es war in lauter Teile auseinandergenommen worden und hing wochenlang zum Trocknen draußen. War es endlich soweit, trat die Wadenkompanie wieder an. Die Wade wurde zusammengesetzt, jedem Mann ein Stück davon auf die Schultern gepackt, und dann ging es im Gänsemarsch zum Strande hinaus, mit Musik voran. Einer aus dieser Wadenkompanie konnte die Klarinette blasen. Keiner der Fischer wohnte bei sich zu Hause. Die ganze Kompanie schlief in einem Schuppen auf Stroh, dauernd mit Seestiefeln an den Füßen, um jeden Augenblick für einen neuen Zug bereit zu sein. Man kann sich gut denken, daß solch ein Wadenfischer in einem blitzsauberen Fischlandheim auch nicht zu gebrauchen war.

Im Frühjahr kamen an unserer Küste regelmäßig die großen Heringszüge vorbei. Am Abend, wenn die Waden eingezogen wurden, wanderte das ganze Dorf an den Strand, um „zur Wade zu kieken". „Wie sehne ich mich wieder danach", sagte eine alte Wustrowerin. „Was war das für eine Völkerwanderung zum Strand! Und wieviel Nahrung kam ins Dorf!"

Manchmal wurden schon am Nachmittag vier Zug mit der Wade gemacht. Dann kam bei Untergang der Sonne der große Abendzug, bei Aufgang der Morgenzug. Für einen Wal Heringe — das waren 80 Stück — wurden 10 Pfennig bezahlt. Zeitweise haben die Fischländer sogar mit Heringen ihr Land gedüngt. Und überall wurde geräuchert, im kleinen so wie auch im großen. Die Schiffer nahmen im Frühjahr bei ihrer Ausfahrt Räucherhering in Deckelkiepen mit. Aus dem Binnenlande, vor allem aus Sachsen, kamen zur Heringszeit die „Karrner", Handelsleute mit Pferd und Wagen, um Spickhering aufzukaufen, Heringe, die vor dem Räuchern eingesalzen worden waren und dadurch eine große Haltbarkeit bekamen. Spickhering wurde viel in katholischen Gegenden zur Fastenzeit gebraucht. Die Karrner lagen oft

wochenlang auf dem Fischland, bis sie ihre großen Wagen mit Spickhering gefüllt hatten und wieder abziehen konnten.
Im Winter wurde im Bodden mit Eiswaden gefischt. Es soll in Wustrow manchmal zu Silvester soviele Hechte gegeben haben, daß es den Hausfrauen an Gefäßen mangelte, um die Fische aufzunehmen. Solange aber der Bodden offen war, wurde vor allem von den Althägern, wie heute noch, die Zeesenfischerei betrieben.
Der Zeesenfischer ist ein Gemeinschaftsmensch. Obwohl jeder von ihnen sein eigenes Boot besitzt, sein eigenes Netz, und seinen Gehilfen, den Macker, an Bord hat, fahren die Fischer immer gemeinsam aus dem Althäger Hafen aus. Vor der Ausfahrt kann man sie lange über Wetter und Wind beratend am Hafen sehen. Ist das Wetter geeignet — der Wind darf nicht zu stark, aber auch wieder nicht zu schwach sein —, geht es hinaus. Im lockeren Verband kreuzen die Zeesenboote auf. Dann legen sie sich quer vor den Wind, spannen das Zeesennetz am Bug und Heck des Schiffes an den Zeesenbäumen aus und treiben nun mit angepflocktem Ruder und festgelegten Schoten die aufgekreuzte Strecke zurück. Das Netz zieht dabei Zander, Plieten und Aale in seinen Beutel hinein. Das Netz wird ausgeleert, der Fang kommt in den Wasserbehälter, der an Bord eingebaut ist und die „Bönn" heißt, und nun kreuzen die Boote wieder die gleiche Strecke auf. An einem Tage werden je nach dem Wind zwei bis drei Züge mit dem Zeesennetz gemacht.
Früher war die Boddenfischerei ein lohnendes Geschäft. Daher war die Fischereigerechtigkeit auf dem Bodden durch Jahrhunderte ein ewiger Streitpunkt zwischen den Ländern Mecklenburg und Preußen. 1898 ist ein Staatsvertrag unter den beteiligten Ländern über die Nutzung der Fischerei abgeschlossen worden, der den Althäger und Niehäger Fischern ein bestimmtes Revier zuweist. Die Zahl der mecklenburgischen Zeesenboote auf dem Saaler Bodden wurde auf 40 beschränkt.
Heute hat von den Fischlanddörfern nur Althagen noch einen bescheidenen Stamm von Berufsfischern. Unsere Zeesenboote sind fast alle alt, ihre braunen Segel vielfach geflickt und die Netze mürbe und verbraucht. Doch wir Althäger können uns unseren Bodden nicht ohne die Fischerboote denken. Durch die Fischerei nimmt Althagen auf dem Fischland eine besondere Stellung ein. Sie bindet uns an die Boddenküste, über der wir den Strand ganz vergessen können. Der Bodden ist uns näher als die See. So kann man manchen Tag seines Lebens damit ver-

bringen, am Osthang seines Gartens zu sitzen und auf den Bodden und seine Boote zu schauen. Schwarz wie fliegende Holländer sehen die Zeesenboote aus, wenn sie in einer Kette am Morgen gegen das Licht der aufsteigenden Sonne am Rohr entlanggleiten und sich dann gleichsam über das weite Wasser entfalten, die Bahn aufkreuzen, die der Wind ihnen anweist, und schließlich fast unseren Blicken entschwinden. Man hat einen Tag des stillen Schauens über den Bodden niemals vergebens, niemals sinnlos verbracht. Es kehrt dabei ein Frieden in die Seele ein, der sich in jeglichem Tun segensreich auswirkt.

Dann kommt der Abend. Die Sonne breitet goldenes Licht über die Welt. Der Wind ist abgeflaut, die Zeesenflotte steuert mit vollem Zeug dem Hafen zu. Vom vordersten Boot sinkt das Topsegel herab, es folgt die Fock. Ein Boot tut es dem anderen nach. Im Rohr rauscht der letzte Abendpust, das Wasser der Einfahrt ist wie ein Spiegel glatt und wirft das Bild der braunen und grünen Boote zurück. So nimmt nun das Hafenbecken die kleine Fischerflotte wieder auf. Am Kai wird Bord an Bord festgemacht. Segel werden verstaut. Die Kiep, die den Tagesproviant barg, über der Schulter, wandern die Fischer langsam auf dem Deich und an den Wiesen entlang nach Hause. Die Katzen kommen ihnen ein Stück entgegen. Sie reiben sich schnurrend mit freudig erhobenem Schwanz an den hohen Schifferstiefeln ihres Herrn. Sie wissen, er hält ihren Anteil vom Fang schon in der Hand und händigt ihn ihnen vor der Gartenpforte aus. Die Katzen wissen genau, wann die Boote in den Hafen laufen.

Auf dem Bodden zu segeln, ist wohl das größte Glück, welches das Fischland schenken kann. Unsere ganze Kindheit und unsere jungen Jahre waren von diesem Glück erfüllt. Alle Arten von Booten haben wir auf dem Bodden gehabt. Zuerst jene kleine Jolle, die noch in dem Wasserlauf zwischen den Wiesen lag, dann einen Kajütenkreuzer mit Flossenkiel, also mit einem Tiefgang, bei dem man sich auf dem Bodden mit all seinen Untiefen nur wie auf einem Teller tanzend bewegen kann.

Ein einfaches Fahrwasser ist der Bodden nämlich nicht. Er hat wie alle haffartigen Bildungen dicht hinter der Küste einen kurzen, bockigen Wellengang und kann eine reißende Strömung tragen. Der Wind von der See saust aus erster Hand über ihn dahin. Spitz fallen die Böen ein. Die Wetter sind noch in keiner Weise abgekämpft. Und dann ist der Saaler Bodden der Untiefen übervoll. Haken werden sie hier genannt. So schiebt sich vom

Rande des Darßes der Große Haken bis weit in den Bodden hinein. An der Westküste bis nach Dierhagen hin reihen sich drei Haken hintereinander an. Und überall wächst in Massen Kraut. Mit einem Flossenkieler zu segeln, heißt also peilen und wiederum peilen; trotzdem brummt man immer wieder auf. Die Flosse bohrt sich in den Grund oder sie hängt sich fest im Kraut. Wie oft mußten wir alle ins Beiboot steigen, um wieder flott zu werden.
Später haben wir uns nach Art der Zeesenboote in Fuhlendorf, auf der pommerschen Seite des Boddens, einen Kutter bauen lassen. Der war eigentlich für den Bodden unser bestes Boot. Dann kam ein flaches Schwertboot, nur vorn ein wenig gedeckt, und zuletzt habe ich eine kleine Jolle mit Luggersegel gehabt, ein sogenanntes Einmannboot; den Schlickrutscher hatten wir es genannt. Es vertrug nicht viel Wind, aber es war wie geschaffen, in den Abendstunden am Rohr des Boddens dahinzugleiten und gleichsam auf der Schwelle zwischen Wasser und Land zu sein. Es war also ein ganz besonders köstliches Boot.
Erst vom Bodden aus schließt sich die Welt des Fischlandes völlig auf. Das Fischland bezieht das weite, blaue Auge des Boddens mit seinem vielfach gestalteten Lidrand in sich ein: den dunklen Saum des Darßes mit dem Heuduft, der von den Borner Wiesen her über das Wasser weht, die Bülten, wie die vielen kleinen, flachen Grasinseln heißen, die den Bodden vom Koppelstrom trennen, zwischen denen man sich mit seinem Boot durchwinden muß. Diese Bülten und die fernen Gehöfte von Born lösen sich bei hoher Luft durch die Kimmung vom Bodden ab und schweben dem Himmel entgegen, ebenso wie der ferne, manchmal durchscheinend wirkende Kirchturm von Barth. Genau uns gegenüber liegen die Dörfer Neuendorf-Heide und Neuendorf, dann kommt das Hohe Ufer vor Saal, das unserem Hohen Ufer am Strande gleicht. Dann schließt sich bei Langendamm wieder ein dunkler Waldrand an.
Am schönsten war es immer, bei frischem Nordwestwind zur anderen Seite des Boddens, nach Neuendorf-Heide, zu segeln, wo es Honig zu kaufen gab. Das war zwar meist nur eine kurze Fahrt, ein einziger langer Schlag, und oft kehrten wir mit dem gleichen langen Schlag auf dem andern Bug wieder heim. Aufregend dagegen konnte die Fahrt nach Born sein, zwischen den Bülten hindurch, entweder nördlich in den Engpaß der Kasenrinne hinein oder südlich der Bülten durch die Schwallig mit

ihrem berüchtigt reißenden Strom. Doch nach Born zog ein Gasthaus mit uralten Bäumen, in deren Schatten gebratener Aal auf den Tisch der Gäste kam. Oder Dierhagen war das Ziel. Dort stand immer frischgebackener Platenkuchen bereit. Ich kann mich jedenfalls nicht erinnern, daß es in Dierhagen einmal keinen Platenkuchen gegeben hätte oder daß er ein bißchen alt gewesen wäre. Mitunter ging's auch nach Ribnitz, dort wurde eingekauft. In Ribnitz haben wir uns beispielsweise Petroleumlampen besorgt, denn es dauerte bis zum Jahre 1921, ehe das Fischland elektrisches Licht bekam. Dort kauften wir irdene Töpfe, ein Gurkenfaß und alles, was man im Laufe der Jahre für einen ländlichen Haushalt auf dem Fischland braucht.
Und kehrten wir heim — wie oft trug der Bodden ein völlig verändertes Gesicht! Der Wind von der See jagte ihn südlich der Bülten durch die Schwallig in den Koppelstrom hinein. Er preßte sich schäumend und brausend zwischen den Bülten hindurch und lag vor uns wie ein graues, schaumgepeitschtes, wogendes Meer. Oder der Nord hatte aufgefrischt, wir mußten von Dierhagen an kreuzen, kreuzen den ganzen, weiten Weg nach Haus. Wir saßen alle Mann in Luv wie die Vögel auf der Stange, einer dicht an den anderen gepreßt, während der Vater das Ruder mit allen Kräften hielt, in der anderen Hand die Schot, nur mit einem halben Schlag belegt, um sie im Notfall, wenn eine Bö zu hart

kam, ein wenig zu schricken. Wir saßen auf der Höhe und klammerten uns mit den Füßen fest, vom Wasser umspült und über und über bespritzt. Gingen wir über Stag, mußten wir uns wie ein Mann auf die andere Seite hinüberschwingen. Wir waren zum lebenden Ballast geworden und uns der Gefahr des Kenterns oder Vollschlagens völlig bewußt. Daß die Segel hielten! Daß die Schoten nicht rissen!

Aufatmend kamen wir schließlich wieder im Althäger Hafen an.

Oder ein andermal schlief der Wind während der Kaffeestunde ein, auch die übliche Abendbrise blieb aus. Hinter den fernen Dächern und Bäumen des Fischlandes strahlte das Abendrot. Der Himmel breitete über den stillen Bodden einen Glanz von Opal. Ein Weilchen noch zogen die kleinen Blasen vom Schaum an unserer Bordwand entlang, doch man wußte nicht recht, trieb sie die Strömung oder glitten wir an ihnen vorbei. Ab und zu durchbrach ein Fisch die Grenze seiner Welt und schaute blitzschnell in den Himmel hinein. Hinter ihm weiteten sich die kleinen Kreise. Der Kutter schaukelte sacht. Die Ruderpinne pendelte im Takt. Der Großbaum wanderte unlustig hin und her. Wir kratzten am Mast. Wir pfiffen lockend nach dem Wind. Aber er hörte uns nicht. So gingen die Stunden dahin. Wir hätten wohl rudern können, aber die Welt war zu schön; wir mochten den Abendfrieden nicht stören. Wir hatten Zeit. Damals hatten wir alle viel Zeit!

Das Abendrot erlosch. Da trat in der Ferne auf der blaugrau gewordenen Wasserfläche ein leichtes, dunkles Gekräusel auf. Es wehte ein Luftzug über den Bodden dahin. Wir hielten den Atem an. Die Kräusel wanderten langsam über das Wasser auf uns zu. Der Großbaum bebte ein wenig, es fing vor dem Bug leise zu rieseln an, als rollten winzige Kieselsteine vor ihm dahin. Hinter der Ruderpinne zeigte sich eine leichte Spur. Wir hatten Fahrt!

Nacht stieg aus dem Walde. Nacht kroch aus dem Rohr. Ein Stern nach dem anderen trat am Himmel heraus und warf auf den bleigrauen Bodden ein zitterndes Spiegelbild. Das Großsegel füllte sich. Die Luft wehte kalt. Der Kutter neigte sich ein wenig, wir fuhren schon nicht mehr, wir sausten bereits dahin. Es rauschte und brauste, als wir den dunklen Hafen erreichten. Wir machten an der Ostmole fest, weil man die Ankerboje in dem aufkommenden Wetter schon nicht mehr sah.

Ehe wir auf dem Fischland die Dampferverbindung nach Ribnitz bekamen, war das Fährboot das Verkehrsmittel über den Bodden.

Seit 1851 fuhr zwischen Ribnitz und Wustrow die amtliche Bootspost. Es gab aber auch noch private Fährunternehmen, zeitweise waren von Wustrow und von Althagen aus mehrere Fährboote unterwegs, die Menschen und Fracht beförderten, auch Besorgungen in der Stadt unternahmen. Die Überfahrt kostete 25 Pfennig. 1865 begann der erste Dampferverkehr. Trotzdem haben immer wieder Wustrower und Althäger regelmäßige Segelfahrten über den Bodden nach Ribnitz und zurück gemacht. Und im Winter, wenn der Bodden fest zugefroren ist, beherrscht heute wie früher der Segelschlitten, den ehemalige Schiffer und Matrosen führen, das Feld. Der Segelschlitten kann für Wochen unsere einzige Verbindung zum Binnenlande sein. Dann sind wir in die alten Zeiten des Fischlandes zurückversetzt, in denen kein menschlicher Wille, sondern nur Wetter und Wind etwas über uns zu sagen haben. Man kann das Fischland, so wie es eigentlich ist, doch wohl nur im Winter kennenlernen. Dann ist es mit sich und mit den Menschen, die ihr Leben an diesen schmalen Landstrich gebunden haben, ganz allein. Dann ist das Fischland so herb und karg wie in früherer Zeit.
Der Bodden wird eine offene Tür in den Osten hinein. Wind von den Steppen Sibiriens macht sich zu uns auf. Hart und hemmungslos fegt der Ost über das Eis und jagt den Schnee vor sich her, preßt ihn in alle Büsche des Gartens hinein, lagert ihn an den Hecken und an den Ostgiebeln der Häuser ab, peitscht ihn die schmalen Gänge zwischen den Büdnereien hindurch und häuft ihn dort schließlich zu mannshohen Schanzen auf. Die Sonne steht wie ein rötlich glühender Ball über unserer Welt und legt auf das blinkende Eis ein golden blendendes Band. Der Ost jagt immer neuen Schnee über das Dorf hinweg zu den Äckern und auf das Ufer hinauf. Dann bezieht sich der Himmel, das Glas beginnt zu fallen. Es scheint für eine lange, dunkle Nacht fast windstill zu sein. Inzwischen wandert der Wind ganz leise über Süden nach Westen herum, und am Morgen beginnt es erneut zu schneien. Der Wind frischt immer mehr auf. Er fällt in Böen über uns her. Er jagt nun den Schnee wieder vom Ufer und von den Äckern zurück in unser Dorf. In kurzer Zeit sind Landweg, Gräben und Hecken eins. Der Himmel wälzt eine dunkelgraue Wand vom Meer her über das Land, und aus den Wolken stürzt jetzt der Schnee herab. Er wirbelt und tanzt, und man weiß nicht mehr, ob die Flocken fallen oder ob sie steigen. Es schneit auch noch weiter, wenn sich der Wind endlich ausgetobt hat. Es schneit

ununterbrochen Tag und Nacht. Die Welt wird eng. Der Schnee schließt das Haus völlig ein. Es kommt keine Post mehr, kaum daß man den Schuppen mit Holz, den völlig im Schnee versunkenen Brunnen noch erreicht und zum nächsten Nachbarn gelangt. Und wehe dem, der in solchen Tagen auf dem Fischland krank wird und Hilfe braucht!

Eines Morgens ist dann der Himmel wieder klar und seidenblau. Der Wind will nach Norden und ruht sich auf seinem Wege für eine Weile aus. Die letzte Nacht hat das Fischland mit Milliarden Diamanten geschmückt. Sie glitzern an allen Hecken, sie haben sogar dem Drahtzaun ein blitzendes Festkleid übergestreift, jedem Baum, jedem Zweig, jedem Rohrhalm auf dem Dach. Man wagt kaum zu atmen, denn die Pracht sinkt unter dem warmen Hauch dahin. Leise rieseln von den Bäumen die Eisstäbchen auf den hohen Schnee und legen sich wie feine gläserne Nadeln vor den Fuß. Nur für kurze Stunden hält dieser unbegreiflich schöne Zauber an. Der Wind wacht wieder auf. Die Eisnadeln wehen durch die Luft, die Luft wird von ihrem hauchfeinen Klang erfüllt. Die Bäume und Hecken werden kahl gefegt. Da der Wind wieder aus Osten weht, setzt sich der Winter ein Weilchen auf dem Fischland fest. Es beginnt die Segelschlittenzeit.

Die Bucht von Fulge ist der gegebene Segelschlittenhafen der Althäger und Niehäger Jungen. Hinter dem gelben Rohr knattern die Segel in ihren wunderlichen Formen. Der Fischländer Junge fängt mit seinem Peekschlitten auf dem Eis zu segeln an, den er mit einem Lappen, einem Handtuch oder dem Stück einer alten Persenning ausstaffiert. Damit geht es auf den Bodden hinaus. Wie phantastische Vögel flattern die kleinen Schlitten dahin, mit einem Wimpel geschmückt. Ihre Fahrt ist meist voller Hindernisse und voll von Mißgeschick. Die primitiven Schoten halten nicht, auch will der Schlitten durchaus nicht über Stag. Er will überhaupt nicht, was er soll. So steigen die Jungen immer wieder aus und stehen im Kreis um ihren wunderlichen Vogel herum und halten Rat. Dann wird ein neuer Versuch gemacht. Wieder flattert solch ein kleiner Vogel mit wehendem Flügel ein Stück dahin. Ein anderer folgt, manchmal ist eine ganze Flottille beisammen, und sie halten miteinander an. Das Johlen der Jungen schallt laut und beseligt durch die dünne Winterluft.

Weiter draußen gleiten die großen Schlitten der Fischer und der Matrosen wie Pfeile vorbei. Sie sausen nach Ribnitz, bringen Menschen hinüber, holen Menschen ab, besorgen Fracht. Mitunter wird eine Fahrt von Althagen bis Ribnitz in kaum mehr als einer halben Stunde gemacht, und quer über den Bodden kann man in 20 Minuten segeln. Um so mühevoller läßt sich oft die Rückfahrt an. Der Schnee hat sich vielleicht wieder zu hohen Schanzen geballt oder das Eis riß auf oder der Wind schlief ein. Wie oft muß man heimwärts auf Schlittschuhen oder zu Fuß über den Bodden gehen und den Schlitten ziehen. Kaum eine Fahrt geht ohne irgendein Abenteuer ab. Der Segelschlitten ist das rechte Feld für den Fischländer Seemannsgeist.

Auf lange Zeit hinaus wird auf dem Fischland der Name des Wustrower Georg Dade in Erinnerung bleiben als des kühnsten Schiffers auf dem Eise. Er war in jedem Jahr der erste, der mit dem Schlitten die Tragfähigkeit des Eises auf dem Bodden erprobte, und er war auch der letzte, der bei Anbruch des Frühjahrs die Schlittenfahrt über den Bodden bestand.

Es war an einem hellen Junimittag des Jahres 1930. Wolkenloser, blaßblauer, hitzegeschwängerter Himmel, leichte nördliche Luft. Das Korn stand hoch. Die Gärten leuchteten in Blumenpracht, und die Vögel hielten Mittagsruhe.

Da tutete das Feuerhorn durch das stille Dorf. Viele Pantoffeln klapperten aufgeregt über den Landweg hinter dem Meldefahrer her. Eimer schepperten, Kinder schrien. In Fulge, dem kleinsten Ortsteil am Deich, der zwischen Althagen und Niehagen liegt, war Feuer in einem der uralten Rohrdachkaten ausgebrochen, die paarweise zusammengebaut unter dichtem Buschwerke und hohen Bäumen fast völlig versteckt eng hintereinander lagen.

Wir griffen nach unseren Eimern und setzten uns ohne Besinnen in Trab. Keiner nahm sich die Zeit, noch sein Haus abzuschließen. Jeder lief der Brandstelle zu, so wie er gerade ging oder stand. Aus dem Spritzenhaus wurde die Pumpe herausgezogen. Ein Mann der Freiwilligen Feuerwehr eilte mit Schläuchen voran. Von den Feldern und Wiesen stürzten die Menschen ins Dorf. Die Männer, die der Feuerwehr angehörten, liefen nach Haus, wo im Flur griffbereit Helm, Jacke, Gürtel und Beil an Haken hingen. Wir hatten damals noch keine motorisierte Spritze, nur eine Spritze mit Handbetrieb, doch reichlich Schlauchwerk, um vom Bodden aus die Häuser erreichen zu können. Die Freiwillige Feuerwehr von Alt- und Niehagen war der Stolz des Dorfes. Unser Löschgerät wurde vorbildlich gepflegt.

Der brennende Katen war bereits in eine einzige knisternde Lohe gehüllt, die mit roten Zungen zum Himmel leckte und in dunkel schwelenden Rauch überging. Der Wind frischte zusehends auf, wie vom Feuer angeregt. Brennende Rohrbüschel flogen durch die Luft, jagten dem nächsten Katen zu und preßten sich dort ans Dach. Neue Flammen! Neue Lohe! Auch dieser Katen stand schon wenige Sekunden später unter dem Feuerhaupt. Frauen und Kinder schleppten Hausgerät hinaus: Kisten, Kleider, Wäsche, Geschirr. Sie warfen die Sachen in die nächsten Büsche und auf die Wiese vor dem Deich. Aus den Ställen war das Vieh hinausgelassen worden, Hühner liefen gackernd herum. Jetzt kam auch

die Wustrower Pumpe und wurde neben unsere Pumpe ins Rohr gefahren. Je sechs Mann standen zu beiden Seiten an den Schwengeln und hoben und senkten die Griffe in stetem Takt, während der Schweiß über die Gesichter rann und die Augen tränten. Ab und zu brachte man uns aus den weniger gefährdeten Häusern frisches Trinkwasser im Eimer an, um den Durst zu löschen. Wer an seinem Platz an der Pumpe abgelöst wurde, sank erschöpft ins Rohr, um sich nach wenigen Minuten wieder aufzuraffen und mitzuhelfen, Möbel, Matratzen, Betten und Nähmaschinen vor dem ständig wachsenden Brandherd zu bergen.
Ein neuer, wilder Aufschrei unter den vielen hundert Menschen, die aus allen umliegenden Dörfern zusammengelaufen waren: Das Feuer hatte das dritte Katenpaar ergriffen; nun ging auch dieses in Flammen auf, denn der dünne Strahl, der aus den Schläuchen kam, wurde vom Feuer aufgeschluckt. Jetzt brannte die ganze kleine Welt am Deich. Auch die Bäume fingen schließlich zu brennen an. Die Lehmwände fielen ein, alles versank in einer Hölle von Rauch und Glut.
Man muß es erlebt haben, welch ein Entsetzen Feuer in einem Dorfe mit Rohrdachhäusern auslöst, wie hoffnungslos jeder Versuch ist, das Feuer auf seinen Brandherd einzudämmen, die Nachbarschaft zu behüten, denn das brennende Rohr trägt die Feuerlohe von Haus zu Haus. Es jagt wie ein Feuerreiter am Himmel dahin. Man muß das erlebt haben, um das Unglück ermessen zu können, das am Morgen des 4. August im Jahre 1869 über Wustrow kam. Da brach in einem Rohrdachkaten westlich der Großen Straße Feuer aus, das sich bei frischem Winde schnell ausbreiten konnte. Im Laufe kurzer Zeit wurden fünf Bauernstellen und dreiundvierzig Büdnereien in Asche gelegt. Hoch am Himmel stand der Feuerschein. Die Aschenwolken zogen über das Fischland dahin. Ein alter Niehäger Kapitän erinnert sich heute noch gut daran, wie er als kleiner Junge an der Hand seiner Mutter auf dem Kiel stand und zu dem brennenden Wustrow hinüberschaute. Immer noch hat er den Jammerruf seiner Mutter im Ohr: „Dat Für, dat Für, dat nimmt ja gor keen End!“
Unerträglich muß die Hitze in Wustrow gewesen sein. Würste und Schinken wurden brennend aus den Schornsteinen geschleudert. Bald wußte keiner mehr, wohin er sein gerettetes Gut vor dem immer weiter um sich greifenden Feuer bergen könnte. Es brannte ja nicht nur eine Straße, es brannte das halbe Dorf. Als der Abend kam, war der Brand noch immer nicht gelöscht. Die

ganze Nacht und manchen Tag und manche Nacht darauf glimmten überall die Balken, die zwischen den eingesunkenen Lehmwänden stehengeblieben waren, leckten die Flammen in den verkohlten Dachstühlen wieder auf, flogen die Funken, knisterte es überall. Die wenigen Häuser auf der Westseite, die das Feuer ausgespart hatte, standen noch immer in Gefahr.

Wustrow trägt das Brandmal in seinem Gesicht. Auf jenen unseligen Augusttag gehen die vielen Häuser auf seiner westlichen Seite zurück, die einen ausgesprochen lieblosen Charakter zeigen und weder Katen noch Schifferhäuser sind. Sie wurden in der Not gebaut, und man merkt ihnen die Mutlosigkeit an. Eilig und oft sogar armselig sind sie anzusehen. Da war keine Muße, lange zu planen, keine Ruhe zu einem Ebenmaß. Da fehlt das Gefühl der Sicherheit und Geborgenheit, aus dem heraus die Kröpelwalmhäuser und die Schifferhäuser entstanden sind. Da ist kein Glaube mehr, daß man für viele Generationen baut. Manche dieser Häuser sehen wie kleine Baracken aus oder wie ein Bahnwärterhäuschen aus Deutschlands stillosester Zeit.

Jener 4. August hat Wustrow auch um eine besondere Schönheit gebracht. Das war die Reihe von Bauerngehöften, die vordem die Große Straße, als sie noch die Oldstraat hieß, einsäumte. Die Oldstraat war die Straße der Bauern. Wäre sie uns in ihrer alten Form geblieben, hätte Wustrow sich einen anderen Mittelpunkt für seinen Fremdenverkehr, für Hotel, Post und Läden suchen müssen.

Es muß ein prächtiger Anblick gewesen sein, wie sich die behäbigen Bauernstellen vom Fuß des Kirchhügels bis zum Ausgang des Dorfes aneinanderschlossen, wo zwei Mühlen standen. An Stelle der Post, von Nordens Hotel und dem hohen zweistöckigen, vorstädtischen Hause mit den verglasten Balkons lagen Bauerngehöfte. Auch auf der gegenüberliegenden Seite, wo heute die beiden neuen Geschäftshäuser stehen, war ebenfalls eine Bauernstelle, die aber erst in diesem Jahrhundert durch Blitzschlag vernichtet wurde. Nach der Brandkatastrophe wanderten mehrere Bauern aus Wustrow aus. Sie ließen sich mit ihrer Hofstatt auf ihrer Feldmark nieder. So gehören die Bauernstellen auf dem Bahlenbrink zwei nach dem großen Brande aus Wustrow ausgewanderten Bauernfamilien.

Um jene Bauernstraße schlossen sich nun zu beiden Seiten nach Osten und Westen die Katen der Büdner und Handwerker an,

wurden die Schifferhäuser gebaut. Im Westen reichte Wustrow zur Zeit des großen Brandes bis etwa zur damaligen Friedrich-Franz-Straße, deren erste Häuser um 1835 entstanden waren und die anfangs den Namen „De nie Reih“ trug. Die Strandstraße war überhaupt noch nicht recht in das Dorf einbezogen. Dort wohnte, wo heute der Arzt Dr. Meyer sein Haus hat, ein Peter Permin, der um der Abseitigkeit seines Hauses willen im Dorfe Peter Butendörp genannt wurde. Die Strandstraße wuchs erst kurz vor der Jahrhundertwende mit Häusern zu, als Wustrow sich mehr und mehr dem Strande zuwandte und dort den baulichen Charakter eines Badeortes annahm.

Im Osten von Wustrow hat keine Feuersbrunst das alte Dorfbild zerstört. Dort haben die Menschen aus freier Machtvollkommenheit mit ihrer Maurerkelle die Geschlossenheit der alten Fischländer Bauweise gesprengt. Zwischen den Kröpelwalmhäusern der Neuen Straße, in der Reihe der Schifferhäuser an der Osterstraße, mitten zwischen den breiten, behäbigen Doppelkaten, ist das Ideal einer kleinstädtischen Bauweise verwirklicht worden. Und diese neuen Häuser sprechen zu uns davon, wie schön und vollkommen die alten Fischländer Katen und Schifferhäuser sind. Sie haben nun die Aufgabe zu erfüllen, die Schönheit des Alten doppelt sichtbar zu machen.

So auch in Fulge. Dort tun die neuen Häuser, die damals nach dem Brande gebaut worden sind, uns die Augen für die Tradition des Fischlandes auf. Denn sie sind aus dem Geist einer Zeit entstanden, die nicht nach Tradition fragte. Diese Häuser könnten ebensogut etwa in Hermsdorf bei Berlin oder am Rande eines märkischen Kiefernwaldes stehen. Sie sind gleichsam um eine Aussicht herum gebaut mit einer zweiten Wohnung für einen Mieter oder Badegast im oberen Stock. Sie haben mit dem Fischland nicht das geringste zu tun. Auf ihren roten Ziegeldächern findet sich noch immer kein Moos, siedelt sich niemals Hauslauch an.

Nach dem Brande von Fulge ging übrigens ein Gefühl der Erleichterung durch das Dorf, weil das gefürchtete schwarze Buch, ein Zauberbuch, von dem immer geraunt worden war, verbrannt sein sollte.

Überall im Lande, also auch auf dem Fischland, lebt Aberglauben der verschiedensten Art bis in unsere Tage hinein fort. Er ist ein lebendiges Erbe der Vorfahren, das von Generation zu Generation weitergegeben wird.

Ich habe auf dem Fischland vor wenigen Jahren einem ernsthaften Gespräch seebefahrener und weltkundiger Männer darüber beigewohnt, wie weit man sich vor einem Nachbarn schützen könnte, dessen böser Blick die Kuh ihrer Milch, die Obstbäume im Garten ihrer Tracht beraubt. Das Fischland steckt voll von Aberglauben buntester Art, und es wird noch vieler Aufklärung bedürfen, ehe die letzten, geheimen Spuren davon getilgt werden können.

Es wird auf dem Fischland heute wie ehedem viel Krankheit durch Handauflegen und Raunen wunderlicher Verse „gestillt" oder „gebötet". Immer sind es alte Leute, Frauen und auch Männer, denen übernatürliche Heilkraft nachgesagt wird und die sich selbst auch in solchem Besitz glauben. Sie werden viel um Beistand in Krankheitsfällen angegangen. Sie nehmen das Geheimnis ihres Heilspruches nicht mit ins Grab, er wird jeweils von einem Manne an eine Frau und von einer Frau an einen Mann weitergegeben. So wird in Wustrow von einer alten Frau erzählt, die so lange nicht zum Sterben kommen konnte, bis sie einen Menschen fand, dem sie ihr Geheimnis weiterreichen konnte.

Auch sonst gibt es auf dem Fischland Aberglauben aller Art. Man glaubt an Reiser, die, auf dem Boden verborgen, das Haus vor

Blitzeinschlag bewahren können, an Kräuter, die unter die Schwelle gelegt, Krankheiten den Zutritt verwehren. Auch muß man ein Haus aus der gleichen Tür verlassen, die man beim Eintritt benutzt hat, sonst trägt man das Glück hinaus. Schiffsbilder dürfen nicht so aufgehängt sein, daß der Bug des Schiffes aus dem Hause weist, damit das Glück nicht hinausfährt. Und niemals dürfen Zaunpfähle mit ihrem abgeschrägten Kopf, den man das Gesicht nennt, zur Straße gewandt stehen, sonst bleibt der Besitzer nicht mehr lange auf seinem Hof. Bohnen soll man am Himmelfahrtstage legen, und zwar am besten während des Läutens der Kirchenglocken. Auch heute noch wird von abergläubischen Leuten beim Erbsenlegen kein Wort gesprochen. Sie nehmen eine Erbse in den Mund, um nicht in Versuchung zu kommen, zu reden. Wenn Taufsonntag in der Kirche war, wurde früher streng darauf geachtet, daß kleine Mädchen nicht nach Jungen getauft wurden. Es hieß, dann bekämen sie vom Taufwasser einen Bart.
Aber man soll über diese Dinge nicht viele Worte machen, auch keine neugierigen Fragen stellen, weil man höchstens eine Ausflucht zur Antwort erhält. Es muß einem glücklichen Zufall überlassen bleiben, ob man einmal einen Blick in den Aberglauben auf dem Fischland tun kann.

Drei Jahre nach dem großen Brande holte das Schicksal wieder aus. Es versetzte dem ganzen Fischland einen schweren Schlag. Die Sturmflut vom November 1872, die noch in der Erinnerung aller alten Fischländer lebt, suchte vor allem Althagen und Niehagen heim, verschonte aber auch Wustrow und Ahrenshoop nicht. Am schlimmsten jedoch hat sie in Althagen und Niehagen sowie in dem dazwischen liegenden Fulge gehaust.

Man kann es sich heute nicht mehr vorstellen, daß unsere Dörfer keine schützenden Deichanlagen besaßen. Weder der lange Deich südlich von Wustrow im Zuge des Dünengeländes bis zur Nebelsignalstation, noch der Deich in Fulge und Althagen zur Boddenseite, noch der Deich östlich von Ahrenshoop waren gebaut. Die Dörfer lagen in einer wahrhaft blinden Vertrauensseligkeit offen zum Bodden da. Das Wasser brauchte nur zu kommen, um die Wiesen, die Gärten zu überfluten, die Häuser zu umspülen, auszuwaschen und schließlich mit sich zu reißen. Nichts stand ihm im Wege. Das ist um so unbegreiflicher, als die Annalen unseres ganzen Küstengebietes von Warnemünde bis Stralsund von Daten der Sturmfluten gespickt sind.

Die Kunde von Sturmfluten setzt im Jahre 1304 ein. Die letzte Sturmflut in einer langen Kette ereignete sich im Jahre 1913. Und den Folgen der wohl größten Sturmflut vom Jahre 1872 begegnen wir heute auf dem Fischland noch auf Schritt und Tritt.

Schon in den ersten Novembertagen 1872 stand der Wasserspiegel der Ostsee ungewöhnlich hoch. Seit Wochen hatten Stürme aus West und Nordwest das Wasser der Nordsee in die Ostsee getrieben. Das Ostseebecken war bereits überfüllt. Am 10. November trat, wie Kühl in seiner Geschichte der Stadt und des Klosters Ribnitz berichtet, eine Windstille ein, die für alle Küstenbewohner äußerst beängstigend war. Von Osten begann das überschüssige Wasser der Ostsee durch die lange Kette der Bodden von Barhöft bei Stralsund bis in unseren Saaler Bodden einzuströmen und schäumend über die Ufer zu steigen. Die beklemmende Windstille hielt bis zum 12. November an. Dann kam Wind aus Nordnordost auf und nahm an Härte immer mehr zu. Bei Ribnitz war der Bodden bereits über seine Ufer getreten, die ersten Über-

schwemmungen trafen die Stadt. In der folgenden Nacht wurde aus dem Winde Sturm, und aus dem Sturm wurde ein Orkan. Es wurde eine Windgeschwindigkeit von 50 Meter in der Sekunde gemessen. Damit war das Schicksal des Fischlandes, der Dörfer hinter dem Darße und der Landverbindung zwischen dem Fischland und Ribnitz besiegelt.

Alles niedrig liegende Land war in kurzer Zeit eine einzige, reißende Flut. Ostsee und Bodden trafen sich an der alten südlichen Fischlandgrenze. Dierhagen verschwand in einem wogenden Meer. Das Land südlich von Wustrow war hoch überflutet, und das Fischland ragte an seiner Südgrenze wie in den ältesten Zeiten nur noch als Insel aus dem Meer. Althagen und Niehagen wurden in ihren tief liegenden Ortsteilen ebenfalls überspült. Dazu war es Novembertag, und ein solcher ist mit seinen Stürmen und dem tief verhangenen Himmel, mit der grauen, wildbewegten See und dem nicht minder grauen, bockenden Bodden an sich schon dazu angetan, in den Herzen der Menschen auf dem Fischland jedes Fünklein Hoffnung niederzuhalten. Man kann sich nicht ausdenken, welche Erschütterung diese Katastrophe für alle Menschen auf dem Fischland bedeutet haben muß.

Von der einstmals langen, ununterbrochenen Reihe der tief liegenden Büdnereien in Althagen stehen heute nur noch einige Häuser aus jenen Tagen, die die Flut überstanden. Das heißt, auch sie wurden ausgewaschen. Das Wasser drang zuerst durch die Türen; dann durch die Fenster ein, allmählich löste sich der Lehm der Wände auf. Es blieben nur die Stützen stehen, die die Fächer gebildet hatten und den Dachstuhl trugen. Manche Häuser wurden so mitgenommen, daß ein Wiederaufbau nicht mehr lohnte. Sie wurden von ihren Besitzern verlassen, die nach diesen furchtbaren Erlebnissen nicht mehr wagten, dicht am Bodden zu bleiben. Sie ließen sich höher im Dorf irgendeine kleine Baustelle geben. So wurde das alte Straßendorf Althagen aufgerissen; es blieben Gartenstücke ohne Häuser zurück, und am Landweg entstanden die dichten Häusergruppen, die kein Gartenland umgibt. Der kleine Dorfteil Fulge wurde restlos von der Flut überrannt. Der Bodden brauste bis über die Schulwiese dahin, die hinter den Büdnereien an den Landweg stößt. Kein Haus in Fulge blieb unversehrt. In Niehagen erlitten die Häuser am Bodden das gleiche Geschick. Dort stieg das Wasser bis zu dem Wege, der vom Kiel zum Krug „Kap zur guten Hoffnung" führt.

Da alle Dörfer hinter dem Darß vorher schon von den Fluten überschwemmt waren, führten die Wogen, die über den Bodden zum Fischland brausten, Wrackgut aus Born und Wieck und den anderen Ortschaften mit. Wie im Volksmund noch heute von der Wustrower Brandkatastrophe am lebendigsten die Schinken und Würste geblieben sind, die brennend aus den Kaminen durch die Lüfte flogen, so erzählen die Fischländer heute noch am liebsten, was damals der Bodden an ihren Strand spülte. Stühle und Betten, Kommoden und Kisten kamen an, sogar ein Prahm mit einer ganzen Wäscheaussteuer wurde auf dem Fischland an Land gesetzt. Vieh trieb umher; Ziegen und Schafe, Kühe und Schweine. Manche Leute weideten die Schweine aus und salzten das Fleisch für den Winter ein. Auch aus den Fischländer Häusern nahmen die Wogen alles bewegliche Gut mit. Es war zuletzt kaum noch mehr als das nackte Leben zu retten. In Kühls Geschichte der Stadt Ribnitz steht eine sprachlich unübertreffliche Beschreibung der Überflutung eines Hauses in Niehagen. Es berichtet ein alter Niehäger Fischer, dessen Elternhaus unten am Bodden stand:

„In min Mudding ehr Hus harren wie Dören un Finsterladen dichting tomakt. Doch dat Water, dat as ne Gat de Dörpstrat dalstörte, dwengte sick dörch de Dören un de Wänn' in de Stuw. De Finsterschieben güngen tau'n Deuwel un de mitbröchten Kräus un Pött und Töllers in de Kök füngen an tau klappern, un allens kreg dat Driewen. Wi flüchten mit Muddern up den bäwelsten Bähn un künnen dörch de apen Stupendör noch grad seihn, dat de Disch mit dat Brot un de mit Beisen utgeflechten

Stäul dat Swemmen kregen un munter in de Stuw ümherkarjohlten. Grad as wi dachten, nu is Rasmus nich mihr wit, nu halt he uns, gew dat pardautz einen dullen Krach. Dat Water harr mit aller Gewalt de Husdör ut de Angeln drückt. Nu stört dat piepplings herinner, taumal ok dat Fakwark ut de Huswänn' rutspäult wier. De Kannenburt, wo nah olle Huswies de von See mitbröchten blanken engelschen Pött un Schöddeln un dat best Geschirr unnerbröcht wieren, würd glatt ümreten, un ick hür ümmer noch min arm Mudder ehr Gekriesch, de taun Harterbarmen schriegt: ‚Min schönes Service, oh min schönes Service!' — Nu keken wi ut de Dackluk. Dat wür all schummern, un wi segen, dat dat Water in'n Affnehmen wier. Wi legten uns mäuden Knaken up de harte Bähndäl und wieren all sachten indrust, as wi gegen Klock ein nachts dörch 'n gefährliches Krachen un Bäwern upwakten un markten, dat dat Hus sick up de Sied smäten harr un in'n Instörten wier. Uns braven Nahwerslüd harr'n mit Lebensgefohr sick all dörch dat Water an uns ranarbeit't un drögen nu uns Kinner huckepack, bet an den Hals in't Water wadend, up ehren Husbähn, de noch säker wier. Dor hebben wi dat Unweder verslapen, bet dat uttowt harr."

Heute hört man von alten Leuten, die Erinnerungen an die große Sturmflut bewahren, eine solche zusammenhängende, farbige Beschreibung nicht mehr. Doch gern wird von der Sturmflut noch die eine oder andere kleine Geschichte erzählt. So soll ein Mann mit seiner Jacht vom Koppelstrom aus über den ganzen Bodden getrieben und von der Flut auf die Ribnitzer Stadtwiesen gerissen worden sein. Er sah vor sich die Ostsee mit seinem sicheren Untergang und schlug geistesgegenwärtig ein Loch in den Boden seines Bootes, so daß es im letzten Augenblick voll lief und auf den Stadtwiesen auf Grund geriet.

In ganz Deutschland wurde für die Opfer der Sturmflut an der Küste gesammelt. Die Spenden liefen so reichlich ein, daß aller Schaden gedeckt werden konnte. Die Regierungen von Mecklenburg und Preußen stellten die Mittel für Deichbauten bereit, und die Eindeichung des Fischlandes wurde vollzogen.

In unserem Jahrhundert hat das Fischland bisher noch zweimal eine Sturmflut erlebt, beide Male in den dunklen Tagen der Jahreswende. 1904 riß die Ostsee unterhalb des Darßes die Vordünen auf und brach in den Darß ein. 1913 erfolgte ein neuer Einbruch der See auf der Höhe des Ahrenshooper Holzes. Das Wasser spülte bis in das Dorf. Auch südlich von Wustrow versuchte die Ostsee einen Einbruch, aber die neue Befestigung wehrte ihn erfolgreich ab. In Fulge wurde der Deich durch Sandsäcke verstärkt und erhöht und hielt stand.

Lange Jahre haben die Althäger in Erinnerung an den November des Jahres 1872 ihren Deich heilig gehalten. Er durfte nicht betreten werden. Allmählich nahm man es mit dem Deich nicht mehr so genau. Heute ist diese kurze Strecke zwischen den Büdnergärten und Wiesen mit dem Blick über den Hafen, über den Bodden und zum fernen Waldsaum hinter Ahrenshoop an stillen Sommerabenden einer der schönsten Wege, die das Fischland besitzt.

Wenn in einer Beschreibung Mecklenburgs nicht einige Zeilen über ein Fischländer Fest gestanden hätten, das den Namen „Morgensprache“ führt, hätte ich wohl kaum etwas davon gehört, obwohl viele ältere Fischländer als Kinder noch an diesem Fest teilgenommen haben.

Es geht eigenartig zu, wenn man mit Fischländern von früheren Zeiten spricht. Sie sind, da auch die Einsamkeit der Meere ihre Welt ist, noch zurückhaltender als andere Menschen des Landes und machen den Mund nicht gern auf. Daß sie von sich aus etwas erzählen, kommt selten vor. Man muß Fragen stellen, und man muß geduldig sein. Die Fischländer haben zudem ein feines Gefühl dafür, daß es zum Herzenstakt gehört, nicht gleich mit der Tür ins Haus zu fallen, sondern zuerst eine Atmosphäre des Wohlwollens zu schaffen, ehe man mit irgendeinem Anliegen kommt. Doch ist das Einvernehmen hergestellt, kann man gern fragen, und des Erzählens ist kein Ende.

Hier ist nun der rechte Ort, dem Professor seines Volkes, dem Altmeister der Seele Mecklenburgs, Richard Wossidlo, einen Dank nachzurufen, denn er hat den Menschen auf dem Lande die Zunge gelöst. Wossidlo, der ein halbes Jahrhundert lang durch Mecklenburg gewandert ist, zu den Alten und den Jungen, zu den Hirten und Lehrern, den Spinnerinnen und Landarbeitern, zu den Fischern und alten Fahrensleuten — Wossidlo hat nicht nur die mecklenburgischen Volksüberlieferungen zusammengetragen, von denen wir bereits bei den Quellenschriften zum Fischlande gesprochen haben, er hat mit seinen emsigen, fleißigen Händen genauso ausgestreut, wie er gesammelt hat. Diese Frucht seines Lebenswerkes gelangt erst jetzt langsam zur Reife.

Wossidlo hat im mecklenburgischen Volksstamm das Bewußtsein für die Schönheit und Einmaligkeit seiner Volkstümlichkeit geweckt. Er hat in die Seelen der Mecklenburger eine Ahnung davon eingesenkt, daß in jedem von uns ein Schatz verborgen liegt, den es wohl zu bewahren heißt, den Schatz der Überlieferung in der von den Vätern geprägten und an die Nachkommen weitergegebenen Form. Wenn man einhergeht und mit den Menschen über die früheren Zeiten und die Altvordern zu sprechen beginnt, taucht plötzlich der Alte aus Waren auf. Ein jeder erinnert sich an ihn und weiß nun ohne viel Erklären, was es heißt, an der

Geschichte der Heimat zu bauen. Er weiß seit Wossidlo überhaupt erst, was es bedeutet, eine Heimat zu haben, die eigentümlich ist. Darum gehen wir im Grunde heute alle ein wenig in Wossidlos Schuhen.

Jenes Fest der Morgensprache ist unter den jüngeren Leuten auf dem Fischland schon ganz in Vergessenheit geraten. Es wurde früher alljährlich am Dienstage nach dem Ribnitzer Sommermarkt begangen. An diesem Tage wurden die Ribnitzer Stadtwiesen, jenes ausgedehnte Weideland zwischen Dierhagen und Wustrow, an die Fischländer ausgelost. An Ort und Stelle wurde der Pachtzins bezahlt, und unmittelbar hinterher wurde mit dem Mähen der Wiesen begonnen.

Dieser Tag fiel also mitten in die schönste Jahreszeit, wenn der Sommer noch jung war und die Welt in höchster Blüte stand. Am frühen Morgen zogen aus den Fischländer Dörfern die Frauen mit ihren Kindern zu den Stadtwiesen hinaus, barfuß, denn der Weg war weit und Schuhzeug auch damals eine Kostbarkeit, die Röcke hochgeschürzt, denn alles Gras war naß vom Tau. Aus der Stadt Ribnitz kamen in Wagen die Ratsherren und die Viertelsleute angefahren. Viertelsleute hießen die Vertrauensmänner der Viertel, in die die Stadt eingeteilt war und deren jedes ein Anrecht am Ertrag der Stadtwiesen besaß. Die Wagen fuhren bis zur Kittelhütt, von der die Auslosung der Budenteile, wie die Wiesenparzellen genannt wurden, ihren Ausgang nahm. Trentholt, Richtersort, Seeviertel und Haffviertel hießen die Reviere der Stadtwiesen, die zur Aufteilung kamen.

Auch für die Ribnitzer Herren war die Verteilung der Budenteile und die Einziehung des Pachtzinses ein Fest; sie machten eine Art Herrenpartie daraus. Sie brachten sich Eßwaren und eine Köchin mit und ließen sich in der Kittelhütt, an deren Stelle heute das von Bäumen und Buschwerk umwachsene Haus des Wiesenwärters steht, ein Festmahl bereiten. Von einem Festschmaus für die sparsamen Fischländer Frauen dagegen war nie die Rede. Sie verpflegten sich mit ihrem bescheidenen, mitgebrachten Proviant. Doch bei der Kittelhütt waren ein paar Buden aufgestellt; dort gab es Bier und Räucheraal und Kuchen. Konditorkuchen, wie man ihn damals auf dem Fischland nirgends kaufen konnte. Und dieser Konditorkuchen war im Grunde der Glanzpunkt des Tages für die Frauen und Kinder, von dem sie noch heute schwärmen.

Die Fischländerinnen waren immer schon zur Stelle, wenn die Ribnitzer Wagen kamen. Sie folgten der Auslosung der Budenteile mit größtem Interesse, denn es gab hochbegehrte und minderwertige Stücke darunter. Den Frauen schlossen sich gleich die Mäher aus Klockenhagen an, die Jahr für Jahr gedingt wurden, und kaum war die Auslosung vollzogen, fingen sie mit Mähen an. Sie legten mit ihren Sensen das üppige Gras, das voll von Wiesenschaumkraut und violett blühendem Knabenkraut, von Wollgras und Hahnenfuß war, in breiten Schwaden nieder. Nun lagerten sich die Frauen rund um die Kittelhütt, Kuchen wurde gekauft, auch Bier, auch Spickaal, „wenn dat Heu nich so dür war". Bei ihrem bescheidenen Mahl schauten die Frauen und Kinder dem Festschmaus der Ribnitzer Stadtherren zu und ließen geruhsam den hohen Bogen des Tages über sich dahingehen.
Man muß sich immer wieder fragen, wieso diese Morgensprache eigentlich den Rang eines Festes verdiente und in einem Atem mit den anderen Volksfesten des Fischlandes, dem großen Schützenfest und dem beliebten Tonnenfest, genannt werden konnte. Aber für die Fischländer Frauen, diese ewigen Bräute, war es ein strahlender Tag. Es war der Tag, an dem sie einmal fern den ewig gleichen Pflichten in Haus und Küche, Stall und Garten sein durften, einmal draußen in der endlosen Weite des Wiesengebiets lagern, die Hände im Schoß. Einmal nicht an die tägliche Enge gebunden zu sein, das war für sie schon ein Fest!
Es kreist auch in den Frauen des Fischlandes Seemannsblut mit seinem Verlangen nach Weite und Ungebundenheit. Sie lieben es über alles, im Winde draußen auf ihren Äckern zu stehen und den Blick nach allen Seiten frei schweifen zu lassen. Sie leiden an der Enge ihrer von Schuppen fast zugebauten Hofstatt. Die dichte Besiedlung ihrer Dörfer ist ihnen eine stille Qual. Alt zu werden, bedeutet für die Fischländerinnen vor allem den schmerzlichen Verzicht darauf, nicht mehr mit dem Flandernhut oder dem Kopftuch, die Hacke auf der Schulter, den Korb mit Proviant am Arm, hinaus auf die Feldmark zu schreiten, von der aus man ungehindert über das Meer und weit über den Bodden schauen kann. Alt zu werden bedeutet für sie auch, nicht mehr mit dabei zu sein, wenn die Kartoffelernte beginnt, die man hier den Landtag der Frauen nennt, nicht mehr mit in der Reihe der Frauen in den Furchen entlangzukriechen, während der Wind über sie dahinstreicht, und in den Pausen gemeinsam am Feldrain zu sitzen, den Kaffeetopf in der Hand, den Korb mit Brot oder

Kuchen zu Füßen. So und nicht anders sind hier die Mütter und Frauen beschaffen, so müssen sie sein, denen das seefahrende Volk des Fischlandes seit vielen Generationen sein Leben verdankt.

Schützenfeste wurden von alters her in fast allen Dörfern jeder deutschen Landschaft gefeiert. Aber jedes Dorf hatte sein ureigenes Schützenfest und war stolz darauf. Unser Schützenfest in Alt- und Niehagen dauerte drei Tage und Nächte. In dieser Zeit stand eigentlich alles andere Leben still. Die Stadtkapelle kam aus Ribnitz herüber; sie brachte Pauke, Becken, Trompeten und Posaunen mit, und der Musikdirektor schritt mit geblähten Backen dem Zuge voran. Die Kapelle spielte die drei Tage und Nächte fast ohne Unterbrechung auf dem Festplatz, im Tanzsaal und bei den Ummärschen, die mit dem Fest verbunden waren. Das Fest fing mit dem Schützenfrühstück beim alten König an. Wir saßen in seinem Garten zwischen Blumen und Kohl auf langen Bänken, bekamen Gulasch und Kaffee und Brötchen gereicht, und die Musik spielte uns dabei auf. Dann wurde der Ummarsch gemacht. Es ging über alle Wege und Stege, mitten durch die Bauerngehöfte, durch die Tennen, hinein in jeden Krug. Dort gab es jeweils einen Schnaps oder auch zwei oder viele. In der Veranda oder im Saal des Kruges wurden schnell ein paar Runden getanzt. Schließlich sammelte sich alles auf dem Festplatz, wo Buden mit Kuchen, mit Eis, mit Würstchen standen, auch ein Glücksrad, auf dem man Spickaal gewinnen konnte. Und immer war das gleiche kleine Karussell mit der quietschenden Leierkastenmusik zur Stelle, unter dessen perlenbenähten Samtgardinen die Kinder das Drehkreuz schoben. Wie oft haben wir früher dort oben in der Sommerglut die Holme gedreht, um nach drei Touren unsere Freifahrt auf dem weißen Holzpferd auszukosten.

Aus allen umliegenden Dörfern kamen die Gäste zusammen. Der Schützenkönig wanderte mit seiner schweren Kette voll klingender, silberner Königsplaketten auf dem Festplatz auf und ab und ließ sich von allen Seiten bewundern. Ich sehe noch den Wirt und Besitzer von Nordens Hotel in Wustrow, Vater Johannes Norden, Brust und Rücken dicht mit den blinkenden, leise klirrenden Schildern behängt.

Mir schien es immer so, als wenn das Schießen auf dem Wustrower Fest eine wesentlich größere Rolle spielte, als in Alt- und Niehagen. Dort hatten Musik und Tanz und eine ausgelassene Fröhlichkeit die Oberhand. Das Schießen ging ein wenig nebenbei. Das Schützenfest wurde stets in die Zeit vor Beginn der

Erntearbeit gelegt, mit Vorbedacht auch vor den Beginn der Saison und der Ankunft der Sommergäste. Auf diesem Fest blieben die Alt- und Niehäger am liebsten unter sich. Sie taten auch recht daran.

An diesen Tagen gaben sich die sonst so wortkargen Bauern, die ernsten, gesetzten alten Schiffer, die Handwerker einmal schrankenlos einer geradezu kindlichen Ausgelassenheit hin. Man konnte Männer tanzen sehen, die sonst nur bedächtig ihre Schritte taten. Man konnte Leute singen und erzählen und spaßen hören, denen sonst kaum ein Laut zu entlocken war. Und wunderlich stand das grüne, schief aufgesetzte Schützenhütchen mit der Puschel an der Seite dem Kapitän oder dem Bürgermeister, umgürtete die silberne Schärpe des Schützenhauptmanns mit dem Säbel in klirrender Scheide den Leib eines Mannes, den man sonst nur würdig im weißen Kittel seines Handwerks sah, von Gehilfen und Lehrling in geziemendem Abstand umgeben. Und darum soll man denen, die keine Fischländer sind, auch nicht zu viel von den köstlichen Stunden und prächtigen Szenen dieser langen drei Tage und Nächte des Schützenfestes erzählen.

Das Tonnenfest dagegen war immer ein Fest der breiten Öffentlichkeit. Da will der Fischländer sich sehen lassen und will gesehen werden. Das Tonnenfest wird in weiterem Umkreis unserer Küste gefeiert. Sein Ursprung bleibt dunkel. Selbst Ottomar Enking, der ernsthafte geschichtliche Studien über die Fischländer Vergangenheit gemacht hat, für die auch sein Roman „Tillsche Schellwege" Zeugnis ablegt, hat uns die letzte Klarheit über den Ursprung des Tonnenfestes nicht gegeben. Es steht in Zusammenhang mit der Zeit der Schweden an unserer Küste, und die Tonne, die auf diesem Fest zerschlagen wird, soll eine Erinnerung an die letzte Tonne mit Heringen sein, die damals an die Schweden abzuliefern war.

Jedenfalls ist das Tonnenfest ein richtiges Spiel, das mehr vom Zufall und Glück entschieden wird, als durch Geschicklichkeit

oder besondere Begabung der Wettkämpfer. Auf diesem Fest zeigt sich der Fischländer in einer ihm sonst ungewohnten Rolle, er tritt als Reiter auf. Es gibt ihm auch die einzige, allerdings sehr bescheidene Gelegenheit, eine Art volkstümlicher Festtracht zu zeigen. Der Tonnenreiter trägt eine weiße Mütze, ein weißes Hemd, dunkle Reithosen und einen mit Perlen gestickten bunten Gürtel. Sein Pferd wird mit einer farbigen Satteldecke ausstaffiert, und Mann und Roß sind mit Buchsbaumgirlanden, in die kleine Blumensträuße eingeflochten sind, geschmückt. In früheren Zeiten sah man auch oft die Keule des Tonnenreiters in den Farben Mecklenburgs angemalt.
Bei dem Tonnenfest wird zugleich um zwei Königswürden gekämpft. Der Reiter, der mit seiner Keule vom Rücken des Pferdes aus die letzte Daube, „Stäben" genannt, von der zwischen zwei Masten aufgehängten Tonne herunterschlägt, wird Stäbenkönig. Und wem es dann gelingt, das letzte Stück Holz der Tonne herunterzuholen, wird Tonnenkönig; er steht an Würde über dem Stäbenkönig. Oft fällt dem Tonnenkönig der Preis durch einen ungeschickten Schlag seines Vorderreiters gleichsam in den Schoß, oder sein Vordermann hat das Holz so weit gelockert, daß es der hinter ihm Reitende ohne Mühe erwischt. Solche Zufälligkeiten beeinträchtigen aber weder den Eifer der Tonnenreiter noch den Stolz der endlich Gekrönten. Der Reiz dieses Festes lag eigentlich in der Augenweide, die es uns schenkte, im Schmuck der Reiter und in der Musik, die den ganzen Nachmittag auf dem Festplatz spielte. Hunderte von Zuschauern zu beiden Seiten der abgesteckten Reitbahn feuerten die Reiter unermüdlich an. Jeder gute Schlag wurde mit Beifall, jeder Versager mit lautem Spott begleitet. Und wie beim Schützenfest waren Buden auf dem Platz aufgestellt, drehte sich das kleine Karussell. Das Tonnenfest, das durch eine Kaffeetafel der Tonnenbrüder und ihrer Familien eingeleitet wurde, beschloß selbstverständlich ein Ball, der mit dem Einzug der Tonnenbrüder eröffnet wurde.
Es ging einem sehr eigen mit diesem Fest. Man hatte es von Kindheit an viele Male mitgemacht, war immer wieder im langen Zuge hinter den Reitern durch die Dörfer marschiert, hatte die Stunden des Nachmittags an der Reitbahn gestanden, um jeden Schlag gegen die Tonne zu verfolgen, hatte in den Pausen im Zelt gesessen und sich den Magen mit frischem Kuchen gefüllt, hatte alle Nachbarkinder auf das Karussell geschickt und war nicht vom Festplatz gewichen, ehe nicht das letzte Stück der

Tonne zu Boden gefallen war und der Tusch den neuen Tonnenkönig hochleben ließ. Das Fest konnte also im Laufe der Jahre wirklich nichts Neues mehr bieten. Dennoch ließ es keiner auf dem Fischlande unbeteiligt an sich vorübergehen. Es gehörte sogar für die Fischländer, die irgendwo fern der Heimat eine Arbeit übernommen hatten, so unlöslich zu ihrem Leben, daß sie nach Möglichkeit ihre Urlaubstage in die Zeit des Tonnenfestes legten, nur um mit dabei zu sein. Es war das beliebteste Fischländer Fest, denn über ihm lag das Strahlende, Verspielte, auf dem auch der Zauber der Kindheit beruht.
Ein besonderer Auftakt für die Fischländer Volksfeste war der Ständchentag. Da zog die Ribnitzer Stadtkapelle am Morgen des ersten Festtages von Haus zu Haus und spielte bei den Einwohnern auf. Fast jeder der Eingesessenen bekam sein besonderes Musikstück, so daß man schon von weitem hören konnte, vor welcher Haustür die Kapelle stand. Alle Kinder liefen am Ständchenmorgen mit der Kapelle mit. Vor allen Türen standen die Hausbewohner und warteten auf die Musik. Unermüdlich zogen die Musiker mit Trompeten und Pauke und Becken von Hof zu Hof, durch die Gärten, vor jeden Katen. Hier mit einem Schluck Kaffee erquickt, dort mit einem Glas selbstgebrauten Johannisbeerweins oder Schlehenschnapses. Das ganze Dorf wurde gleichsam in Musik eingehüllt.

Ich kann ohne Übertreibung sagen, daß ich zusammen mit den Kiefern aufgewachsen bin, die nördlich des Kurhauses die beiden Wege nach Neu-Ahrenshoop begleiten. Sie waren ebenfalls klein, als ich klein war. Wir hatten einmal ungefähr die gleiche Größe. Das war im Sommer 1901. Wir wohnten damals als Sommergäste bei Eva von Pannewitz, einer Malschülerin von Professor Müller-Kaempff, die in Ahrenshoop hängengeblieben war und dort eine Pension aufgemacht hatte. Hinter ihrem kleinen Hause, das nackt auf seiner Düne stand, lagen nur noch zwei Häuser, von denen das letzte dem Maler Professor Fritz Wachenhusen gehörte. Es ist nun schon seit über dreißig Jahren das Haus des Verlegers und Druckers Peter Erichson. Dann begann die weite, unbewohnte Welt der Dünen, die Welt des Strandhafers und des Schlehdorngestrüpps, der Immortellen und Libellen, der winzigen duftenden Musserons, die Welt der Wildnis, in der wir Räuber und Prinzessin spielten.

Ahrenshoop war damals noch von der ersten Malergeneration bevölkert, die dieses weltabgelegene Dorf mit seinen wenigen Häusern und Menschen entdeckt hatte. Paul Müller-Kaempff, Fritz Wachenhusen, Elisabeth van Eicken und Anna Gerresheim, Fritz Grebe und Richter-Levensdorf, der Professor Martin Körte, alle diese Maler, Zeichner und Radierer hatten sich bereits eigene Häuser gebaut. Auch der Sankt Lukas als Heim der Malschüler und Malschülerinnen, die die Künstler nach sich zogen, stand schon im Dorf. Und rundum in den kleinen Fischerhäusern hatten sich Künstler, Schriftsteller, Schauspieler und Sänger eingemietet. Ahrenshoop war damals tatsächlich eine Künstlerkolonie. Wohin man schaute — überall saß jemand zeichnend auf seinem Stühlchen oder stand vor einer Staffelei, und besonders beliebte Motive, wie das Dornenhaus, waren förmlich umlagert. Jede Hocke auf dem Felde bot einem Maler Schutz vor dem Wind. Mit den Künstlern folgten die Feste. Es gab Bunte Abende, auf denen der Lyriker Alfred Richard Meyer Lieder zur Gitarre sang, der Karikaturist Hermann Abeking lustige Szenen aus dem Badeleben aufführen ließ. In dem einen Sommer war das ganze Überbrettl mit Elsa Laura von Wolzogen an der Spitze in Ahrenshoop zu Gast, auch Julius Lieban von der damals Königlichen Oper in Berlin. Edmund Edel wanderte mit seinem spöttischen Blick über die Dorf-

straße. Axel Delmar schrieb sein Stück „Die Ahrenshooper“, und Johannes Trojan und Heinrich Seidel schilderten in Humoresken das Fischländer Leben. Von Ahrenshoop aus hatte für das Fischland eine neue Zeit begonnen. Von Ahrenshoop aus breiteten sich die Künstler über das ganze Fischland aus.
Wir waren zu klein, um in irgendeiner Weise an dem ausgelassenen Leben der Künstler, das Ahrenshoop bis weit in die stürmischen Herbstwochen hinein erfüllte, teilzunehmen. Doch wir spürten das Verlockende, Freie, Ungewöhnliche dieses Treibens in dem kleinen Dorf. Auch wir lebten unbewußt in der Romantik, von der diese Zeit getragen wurde. Die Menschen, die uns in Ahrenshoop umgaben, schienen uns ganz anders, als alle die Städter, mit denen wir sonst in Berührung kamen.
Wir hatten in Ahrenshoop auch einen völlig anderen Vater bekommen. Er war nicht mehr der Professor, dessen Namen viele Menschen kannten, der imstande war, den Hut zu ziehen und weiterzugehen, wenn er seine Kinder im Kreis ihrer Kameraden auf dem Heimweg von der Schule sah. Der Vater war jetzt ein Mann, der in einer geliehenen grünen Joppe und einer Insektenspritze am Gürtel als Kammerjäger pfeifend zu einem Kostümfest in das damalige Hotel „Bogislaw“ ging. Dieses Kostümfest hatten die Künstler von einem Tag auf den anderen angesagt, weil Regenwetter das Malen im Freien unmöglich machte. Für dieses Fest sollten keine fertigen Kostüme beschafft werden. Jeder hatte sich selbst etwas auszudenken und herzustellen. Wir durften am

Abend ein Weilchen durch die Fenster des „Bogislaw“ in den Saal schauen und bewunderten den Hamburger Maler Karl Rathjen in der mit Brezeln benähten Nachtjacke der alten Frau Bäcker Friedrichs und waren voll Erstaunen über die große Gestalt einer Malerfrau, die als Germania in einem Schuppenpanzer aus versilberten Efeublättern erschien und auf dem Kopf einen Bowlendeckel mit Gänseflügeln trug.
Wir hatten in Ahrenshoop auch eine ganz andere Mutter als in Berlin, eine Mutter, die sich von Marie Boldt in Wustrow einen geblümten Flandernhut machen ließ und die am Abend, wenn wir auf das Hohe Ufer wanderten, um die Sonne im Meer untertauchen zu sehen, und auf den letzten grünen Strahl bei ihrem Versinken warteten, plötzlich mit ausgebreiteten Armen zu singen begann: „Das Meer erglänzte weit hinaus.“
Alles war so ganz anders als die Welt, die wir bisher kennengelernt hatten. Die Zeit in Ahrenshoop kam uns wie ein Märchen und wie ein einziges Fest vor, erfüllt vom Glanz des Ungewohnten. Bei Eva von Pannewitz im Hause waren sämtliche Türen und Glasscheiben mit Ranken und Blumen bemalt. In Richter-Levendorfs Haus gab es überhaupt nur einen einzigen, riesengroßen Raum mit einer Empore, auf der seine Schlafstelle lag. An der Nordwand seines Ateliers mit den breiten Scheunentoren hingen weiße Pferdeschädel. Im Hausflur der Malerin Elisabeth van Eicken, die vor kurzem eine Frau von Paepke geworden war, gab es ein Holzpaneel in Form von Schilfblättern, grün gebeizt, das zu bewundern wir niemals müde wurden, und begeistert waren wir davon, daß es in Ahrenshoop nicht, wie überall sonst, dunkle Erde gab, sondern weißen Sand, Dünensand. Wir opferten unsere Bälle, schnitten sie durch, holten uns aus Althagen ein bißchen Gartenerde, füllten die halben Bälle damit, pflanzten eine Studentenblume hinein und setzten das Ganze in eine Düne. Das war unser Garten am Meer.
Blumen sah man damals in Ahrenshoop kaum. Dafür ließen die Maler überall Spuren ihrer Tätigkeit zurück. Stets brachten wir Ölfarbenflecke an unseren Kleidern nach Haus, denn wohin man sich setzte, überall hatte irgendein Maler seine Palette oder seine Pinsel abgewischt. Zu unserem größten Vergnügen beobachteten wir morgens eine Malerin, die mit einer Gießkanne auf der Dorfstraße die Pfütze, die zu ihrem Motiv gehörte, wieder auffüllte. Wir begriffen auch nur zu gut, daß sich der Vater in dem benachbarten Althagen einen alten Katen kaufte, nachdem er ge-

sehen hatte, wie wohnlich sich bereits die Maler C. P. F. Koch und Heinrich Schlotermann, die zum Kreis des Vereins Berliner Künstler gehörten, in Althäger Büdnereien eingerichtet hatten.
Wustrow wurde zielbewußt von seinen Bewohnern zu einem Badeort ausgestattet, obwohl die alten Schifferfamilien anfangs wenig Meinung dafür hatten, ihre Häuser den Fremden aufzutun und zu vermieten. Doch man wußte keinen anderen Rat, um dem absinkenden Wohlstand des Dorfes, den der Wandel im Schiffahrtswesen verursacht hatte, entgegenzuwirken. 1880 wurde in Wustrow ein gemeinnütziger Verein gegründet, der alle Vorarbeiten übernahm, um Badegäste im Ort aufnehmen zu können. Es wurden Badezellen am Strand gebaut und der Weg vom Dorf zum Strand mit Bäumen bepflanzt. 1881 schon konnte Wustrow seine ersten Gäste empfangen. Mit dem Aufblühen des Fremdenverkehrs wird in Wustrow der Name des Wundarztes Christian Boldt immer verbunden bleiben. Von ihm wird übrigens, wie auch von dem Dichter Johannes Trojan, der zu den treuen Sommergästen des Fischlandes gehörte, erzählt, daß er auf seinen Spaziergängen stets einige Körner Blumensamen in seiner Rocktasche bei sich trug, um sie auf dem Deich und auf den Weiden auszustreuen.
Ahrenshoop wurde erst einige Jahre später entdeckt, und die Maler hatten durchaus nicht die Absicht, das stille Dorf in einen besuchten Badeort umzuwandeln. Eher traf das Gegenteil zu.
Als Entdecker und gleichsam als Kolonisatoren Ahrenhoops werden immer in erster Linie Paul Müller-Kaempff und Fritz Wachenhusen genannt. Doch wenn man sich bei den alten Ahrenshoopern ein wenig umhört, kommt heraus, daß diese beiden Maler bereits eine Vorgängerin gehabt haben, die Malerin Eva Stort, die damals eine Sensation für die Ahrenshooper gewesen sein muß. Denn noch heute zeigen alle das gleiche Schmunzeln, wenn dieser Name genannt wird. Diese Eva Stort hatte offenbar auch ihre Merkwürdigkeiten. Vor allem wird ihr ein Bart nachgesagt, weswegen sie als ein verkleideter Mann galt, sogar als ein Spion. Sie ließ einen Dorfjungen in einer aufgeschlitzten Hose auf dem Hohen Ufer Modell stehen und bezahlte ihm 15 Pfennig dafür. Und sie hatte durchaus das Verlangen, in die Ostsee zu steigen. Zu diesem Behufe ließ sie sich von Vater Schumacher aus Rohr eine kleine Hütte bauen, in deren Schutz sie sich am Strande aus- und ankleidete. Als dann die vielen Maler nach Ahrenshoop kamen, fiel weder der Wunsch nach einem Seebad noch die Be-

schäftigung des Malens auf. Das Malen war für die Gäste eine Legitimation. Jedenfalls wird heute noch erzählt, daß eine Ahrenshooperin aufgeregt zum Dorfschulzen lief, um ihm mitzuteilen, daß bei ihr schon vierzehn Tage ein Mann wohne, der noch immer nicht gemalt hätte. Es müsse also ein Spion sein. Die Spionenfurcht hat das Fischland seit 1870 behalten und zu Beginn des ersten Weltkrieges wieder in den wunderlichsten Formen zur Schau getragen.

Eva Stort ist etwa im Sommer 1882 zum ersten Male in Ahrenshoop gewesen. 1884 verzeichnet das Gästebuch von Nordens Hotel in Wustrow den Maler Fritz Wachenhusen aus Weimar, der also zuerst in Wustrow Station gemacht hat und dort einige Wochen blieb. Paul Müller-Kaempff soll 1887 mit der Postkutsche von Rostock nach Ribnitz gefahren und dann nach Ahrenshoop gekommen sein. Das erste Malerhaus in Ahrenshoop baute eine Frau, die Malerin Anna Gerresheim, die eine völlige Gleichgültigkeit gegenüber dem Urteil der Umwelt über ihr Werk mit einem großen Können verband. Sie tanzte auch sonst aus der Reihe. Sie stellte sich nicht mit ihrer Palette vor die Natur. Sie nahm ein Stühlchen mit und setzte sich irgendwo draußen hin und tat nichts als gucken. Ihre Bilder und Radierungen machte sie dann in der Stille ihres Ateliers.

1886 wurden in der Ahrenshooper Dorfstraße die Bäume gepflanzt, doch nicht wegen der Gäste, sondern um Windschutz zu gewinnen. Die ganze Straße bestand damals noch aus unergründlichem, weißem Sand. Man bemühte sich erst um einen Fahrweg, als das Hotel „Bogislaw" gebaut werden sollte und alles Baumaterial auf Loren mit Pferden durch den tiefen Sand gezogen werden mußte. Der „Bogislaw" hatte jenen Saal, in dem die Künstler ihre Feste veranstalteten und dessen Wände sie mit ihren Lieblingsmotiven ausmalten. Diese Wandbilder sind erst vor wenigen Jahren einer Erneuerung des Saales zum Opfer gefallen. Sie waren allerdings zum Teil auch kaum mehr zu erkennen.

Das alte Ahrenshoop, das viele Jahrhunderte ganz im Dunkel verblieb, da es für das Buch der Geschichte nichts zu melden hatte, muß ursprünglich aus zwei kleinen Niederlassungen bestanden haben, die allmählich zusammenwuchsen. Der eine Kern entwickelte sich um den einzigen Bauernhof, den Ahrenshoop auch heute noch besitzt, das Paetowsche Gehöft, das vor der Familie Paetow einem Förster Bülow gehört hat, nach dem noch heute die Wiesen im Osten benannt werden. Das Besitztum war in alten

Zeiten eine Pachtstelle der Heidereiter und trug den Namen „Försterhof", später „der alte Hof". Es gehörte also offenbar zum Bereich des Darßes, war mit einer Meierei und dem Krugrecht ausgestattet und umfaßte nach preußischem Maß 62 Morgen Land. Nicht nur das Land um den Schifferberg gehörte dazu, auch das ausgedehnte Gelände vom alten Dorf bis an die Kuhweide hinter dem Ahrenshooper Wäldchen und die weiten Wiesen zum Saaler Bodden hinaus. Wer auf diesem Hof saß, hatte das Schulzenamt für die kleine Gemeinde zu verwalten, die vornehmlich aus vom Fischland zugewanderten Seeleuten bestanden haben soll. 1767 zählte Ahrenshoop ganze 38 Einwohner. 1825 gab es außer dem Hof 39 Wohnhäuser im Dorf, die zum großen Teil heute noch auf der Ostseite stehen. Alle Häuser waren in Deckung von Dünen gebaut worden, die erst in den letzten Jahrzehnten mehr und mehr abgetragen wurden, da die Bäume der Dorfstraße und die bebaute Westseite genug Schutz vor dem Seewind bieten.

Der zweite Kern des heutigen Ahrenshoop trug den Namen Vittebruk. Dieser Name hat zu verschiedenen Deutungen Anlaß gegeben. Vitte soll der Ausdruck für eine Niederlassung zum Bergen von Heringsfängen gewesen sein. Der gelehrte Propst Vermehren aus Wustrow griff auf diesen alten Flurnamen zurück, um die Frage aufzuwerfen, ob auf dem Fischland einmal ein Heiligtum bestanden haben könnte, das dem heiligen Vit oder Veit gewidmet war, und ob solch eine Kultstätte den Tempel für den Wendengott Swantewit auf dem Wustrower Kirchhügel abgelöst hätte. Der heilige Vit war nämlich für die Christen, die das Wendenland bekehren wollten, ein bevorzugter Heiliger, weil die Ähnlichkeit seines Namens mit dem Namen des Wendengottes Wit den Heiden den Übergang zum Christentum erleichtern sollte. Der Gedanke Vermehrens hat für die Heimatkunde des Fischlandes eine gewisse Bedeutung. Man ist allgemein der Ansicht, daß unsere Kirche in Wustrow die zweite Fischlandkirche ist und vor ihr auf der gleichen Stelle nur die 1869 abgebrochene, baufällig gewordene alte Dorfkirche gestanden hat. Sollte Vermehren recht haben, wäre also unsere jetzige Kirche von Wustrow bereits das dritte christliche Gotteshaus, das sich auf dem alten Wendenhügel erhebt.

Jedenfalls lag das alte Vittebruk dort, wo heute sich der Grenzweg entlangzieht. Eine Urkunde aus dem Jahre 1591 nennt den „Vittenzaun" als Grenzlinie der damaligen Ansiedlung. Vittebruk ist auch noch lange neben dem Namen Ahrenshoop geführt worden. Der „Vollständige Universal-Handatlas der neuen Erdbeschreibung" von Sohr-Handtke bringt in seiner fünften Auflage vom Jahre 1857 überhaupt nur den Namen „Vittebrook" an der Stelle des heutigen Ahrenshoop. Es hat also an der alten Grenze, an der Mündung des Darßer Kanals in die Ostsee, eine in sich geschlossene, kleine Siedlung dieses Namens gelegen.

Als Ahrenshoop von den Malern aufgespürt wurde, zählte das Dorf etwa 160 Einwohner und verdiente den Spottnamen, den es auf dem Fischland trug, zu Recht. Es wurde Poversdörp oder „Dat povere Dörp" genannt. Die wohlhabenden Fischländer, vor allem die Wustrower, schauten herablassend auf die Bewohner der unwirtlichen Sandwüste mit den wenigen windzerzausten Bäumen. Sie ahnten nicht, daß es gerade die Abgelegenheit des kleinen kargen Dünendorfes war, das ihm den Aufschwung und den guten Namen in ganz Deutschland einbrachte. Sie verstehen das im Grunde auch heute noch nicht, und sie behaupten noch immer, daß die Ahrenshooper von ihrem tiefen Sand her einen eigentümlichen Gang bekommen hätten, an dem sie schon von weitem erkenntlich seien. „Sie wühlen so", hört man in Wustrow sagen. Und selbst in dem so nahe benachbarten Althagen stellt man fest: „In Ahrenshoop hebben de Lüe wedder ne annere Gesinnung." Wenn eine Fischländerin nach Ahrenshoop heiratet,

geht sie noch immer ein wenig wie über die Grenze in ein anderes Land.
Der kulinarische Mittelpunkt der ersten Ahrenshooper Malerkolonie war Mutter Schumacher. Um sie hat sich ein Kranz von Legenden geflochten. Sie war in ihrem Wesen und Leben eine echte Ahrenshooperin und verdient einen Ehrenplatz in der Ahrenshooper Geschichte. Leider ist das Haus, in dem sie lebte, vor einigen Jahren abgerissen worden. Mutter Schumacher hat nicht, wie so gern erzählt wird, erst von den Malern kochen gelernt, um ihnen die Sorge um ihren täglichen Tisch abnehmen zu können, sie lernte kochen bei dem Förster auf Ibenhorst, und dann nahm sie tatkräftig ihr Leben selbst in die Hand.
Sie sammelte am Strand die sogenannte rote Erde auf, den mit winzigen Granatsplittern durchsetzten Strandsand, brachte ihn mit dem Fährboot nach Ribnitz, wo er als Schleifmittel für Sensenschärfer Absatz fand. Von dem Erlös kaufte sie Holz und ließ sich auf der Westseite des Dorfes, nördlich der kleinen Schule, das Gerüst zu einem Katen errichten. Die Wände des Hauses klehmte sie selbst. Ihr Mann fuhr damals noch als Matrose zur See; später fischte er in Ahrenshoop am Strand. Kinder hatten sie nicht, und so fing sie an, für die Maler zu kochen. Müller-Kaempff und Elisabeth van Eicken haben anfangs in dem kleinen Haus von Mutter Schumacher gewohnt. Dann richtete sie für die Maler einen Mittagstisch ein. Mit dem Aufblühen Ahrenshoops blühte auch ihr kleiner Betrieb mehr und mehr auf. Viel wird noch im Dorf von ihrer Arbeitsweise erzählt. Ein Kochbuch besaß sie nicht. Sie machte alles „ut'n Kopp". Sie wog auch niemals eine Zutat ab. Alles ging nach dem Gefühl. Auch Bücher führte sie nicht. Sie kaufte den ganzen Sommer auf Kredit. War der letzte Gast abgereist, bezahlte sie ihre Schulden und machte Kassensturz. Was übrig war, gehörte ihr; sie nahm es hin, wie es kam.
Berühmt waren die Richtschmäuse, die sie herzustellen verstand, ebenso berühmt wie der brennend aufgetragene Plumpudding, den bevorzugte Gäste zur Henkersmahlzeit bekamen. Viele Richtschmäuse Ahrenshoops sind bei Mutter Schumacher gefeiert worden.
Im Gegensatz zum Fischland gab es in Ahrenshoop schon von den ersten Anfängen seiner Entdeckung an eine üppige Bodenspekulation. Der Baugrund lag bereits zur Hand. Da war ein Zöllner Karlip, der kaufte das ganze Dünengelände an der Westseite des Dorfes, das noch nicht bebaut war, auf, um daraus Grundstücke

für neue Häuser zu schneiden. Karlip war auch der Besitzer der Ahrenshooper Gaststätte, die heute den Namen „Zum Seezeichen" trägt und die kurz vor der Jahrhundertwende der ehemalige Segelschiffkapitän Rubarth übernahm, an den sich alte Ahrenshooper Gäste gewiß noch erinnern können, denn er war der Zeuge zahlloser froher Gelage in der kleinen, niedrigen Gaststube mit dem prachtvollen, runden Kachelofen.

Für Baulustige bot also Ahrenshoop geradezu unbeschränkte Möglichkeiten, wenn man sich mit einer Düne begnügen wollte, und den Fremden, die dorthin kamen und fast alle den Wunsch hatten, sich in Ahrenshoop ein Sommerhaus zu bauen, war fast jede Stelle dafür recht. Immer mehr rote Ziegeldächer ragten über die alten Katen hinaus. Die Zahl der ansässig gewordenen Fremden, die sich als Ahrenshooper fühlten, war in wenigen Jahren so groß geworden, daß sie sich 1904 zu dem „Ahrenshooper Verein für gemeinnützige Zwecke" zusammenschlossen, in den natürlich auch „echte" Ahrenshooper aufgenommen wurden. Aber das Wort in diesem Verein hatten die Fremden, die „Forensen", wie man später sagte. In Wustrow waren es die Einheimischen gewesen, die in dem ähnlich benannten Verein das Regiment führten. In Ahrenshoop nahmen die Fremden die Zukunft des Ortes in die Hand. Und so ist es auch bis auf den heutigen Tag im wesentlichen geblieben.

Der erste Paragraph der Satzungen dieses Ahrenshooper Vereins gibt in wenigen Worten ein gutes Bild vom Geist jener Zeit. Er lautet: „Der Verein will den Genuß der Schönheit von Ahrenshoop erleichtern durch Einrichtungen der Ordnung und der Behaglichkeit."

Hier sprechen schon die Künstler nicht mehr. Jetzt sind die Kreise dran, die die Künstler nach sich gezogen haben. Es war das damalige bürgerliche, wohlsituierte Deutschland mit seinem Sinn für Romantik, der ein durchaus gesetzter Sinn war, fernab von jedem Sturm und Drang. Man liebte das kleine, primitive Ahrenshoop, vor allem seine noch unverbildete Natur. Aber man wollte diese Natur gern stubenrein sehen und manierlich genießen können. Darum führte der Verein eine Aktion gegen die Hinterlassenschaften der Kühe auf dem Fußweg durch. Er sorgte auch für Bänke, denn man nahm die Schönheiten der Natur gern geschützt vor Grasflecken und Ameisen in sich auf. Der Verein setzte sich aber auch mannhaft mit dem Gewicht der guten Namen seiner Mitglieder dafür ein, daß außer den Fahrwegen, die von alters her die Verbindung zwischen dem Fischland und den Dörfern jenseits des Darßes gebildet hatten, auch einige andere Wege im Darß zum Spazierengehen freigegeben wurden. Der Darß war damals so gut wie gesperrt; selbst das Betreten des Strandes unterhalb des Forstes war „Unbefugten“ untersagt, und die neuen Ahrenshooper waren also um schöne Spaziergänge verlegen.

Das Spazierengehen spielte damals eine geradezu unwahrscheinlich große Rolle. Von Ahrenshoop aus ergossen sich die Spaziergänger über das ganze Fischland. Der Fischländer selbst ging, wie überhaupt der Mensch des Landes, im allgemeinen nicht spazieren. Nur der Wustrower machte darin eine Ausnahme. Er lebte zum Teil wenigstens in dem Wohlstand, der die Voraussetzung zum Spazierengehen ist. Die Wustrower sind immer gern am Sonntag über die Felder oder an ihren Strand gegangen. Doch die Althäger und Niehäger gehen auch heute nicht spazieren; nur vielleicht einmal im Sommer wandern sie auf das Hohe Ufer, um sich von oben das Leben am Strande anzusehen. Der Ahrenshooper braucht zu diesem Zwecke überhaupt nicht weit zu gehen. Er macht die wenigen Schritte über die Düne oder nimmt von seinem Gartenzaun aus am Sommerleben der Fremden teil.

Für die Maler und ihre Kreise gehörten die Landpartien zum Sommeraufenthalt. Selbst der Weg bis Wustrow wurde als eine Art Landpartie angesehen, denn man ging damals eigentlich nicht, man wandelte genießerisch seines Wegs und pries die Schönheiten der Natur in vielen Worten. In Wustrow wurden die sauberen Häuser und die gepflegten Vorgärten betrachtet, man trank Kaffee auf der Terrasse bei Norden, die Herren nahmen einen Schoppen im „Grünen Kranz“, und an Mondscheinabenden wanderte man nach Niehagen, wo es in der „Hoffnung“, die heute „Kap der guten Hoffnung“ heißt, einen berühmten Portwein gab oder eine Bowle angesetzt wurde. Weinselig schwelgend fand man über den Deich wieder den Weg nach Hause. Für den Portwein war auch die alte Gaststube von Peter Jörk in Althagen am Deich berühmt, in deren niedrigem Schankraum oder Gartenlauben fröhliche und feuchte Abende mit Gesang gefeiert wurden, die erst bei Sonnenaufgang ihr Ende fanden.

Die jetzt wieder neuerstandene Giftbude am Hafen in Althagen wurde erst später aufgemacht, und zwar von dem Sohn jenes alten Seefahrers Peter Jörk, Hartwig Jörk. Sie entsprach dem Geschmack und den Wünschen der neuen Schicht, die nach dem

ersten Weltkrieg nicht nur auf dem Fischland, sondern überall in Deutschland den Ton bestimmte.
In den ersten Jahren des Ahrenshooper Vereins dichtete und komponierte Oswald Körte das Preislied auf Ahrenshoop, das mit großer Begeisterung in der kleinen Gaststube des heutigen „Seezeichen" bei Porterbowle oder Grog von allen neuen Ahrenshoopern gesungen wurde. Sein erster Vers lautete:

„Lieblich ist Ahrenshoop hier am Ostseestrande,
Ihm gilt mein preisend Lob über Meer und Lande!
Hört ihr drauß des Sturmes Wutgebraus?
Es bebt voll Graus das alte Dünenhaus;
Der Brandung Gischt bis zu den Sternen zischt!
Doch still und sacht! 'nen guten Grog gemacht!
Lie-lie-lie-lieblich ist Ahrenshoop hier am Ostseestrande,
Ihm gilt mein preisend Lob über Meer und Lande!"

1909 sammelte sich der immer größer gewordene Kreis Ahrenshooper Künstler um ein Werk, das jetzt seine Auferstehung erlebt hat und damit die Tradition Ahrenshoops erhält. Der Kunstkaten wurde gebaut, und zwar durch die Initiative der Maler Müller-Kaempff und Schorn. Am Hauptübergang zum Strande entstand ein blau getünchtes Rohrdachhaus mit einem Ausstellungsraum. Es war zugleich der Versuch, einen Ahrenshooper Stil des Bauens und Wohnens anzuregen und zu schaffen. Der Kunstkaten ist Vorbild für das neue Ahrenshoop geworden, für die Kolonie der Sommerhäuser, die kurz vor dem ersten Weltkrieg eines nach dem anderen in überraschend kurzer Zeit auf dem weiten Dünengelände am Ahrenshooper Walde, dem Schauplatz unserer Kinderspiele, entstanden und dem alten Dorf die neue Siedlung, „dor buten" angliederten.
Wenn manchmal im Sommer ein alter Fischländer etwa aus Althagen sich auf den Weg macht und „achter den Pahl" oder über „die Scheie" geht, wie man sagt — es geschieht allerdings alle Jubeljahre höchstens ein einziges Mal —, schüttelt er verwundert den Kopf über all das Volk, das in Ahrenshoop auf der Dorfstraße geht und hinter den Scheiben der Veranden sitzt. Er wirft einen mitleidigen Blick über die Zäune auf den unfruchtbaren Boden der Gärten, der noch immer seine Abstammung vom weißen Dünensand nicht verleugnen kann, und wenn er sein Anliegen in Ahrenshoop erledigt hat, macht er schleunigst wieder kehrt und wandert zu seinem Fischland zurück. Er versteht nicht,

was die Menschen an diesem Ahrenshoop haben, weshalb sie Jahr für Jahr von weither zu Scharen kommen, um dort ein paar Sommerwochen verleben zu dürfen.
Es geht einem ja selbst so, daß man sich mitunter die Frage stellt, was eigentlich an diesem kleinen Ahrenshoop so Besonderes sein mag, woher der Zauber kommt, dem alle Menschen dort unterliegen und dem man selbst auch immer wieder verfällt. Die Antwort ist im Grunde eindeutig und kurz: Ahrenshoop hat Atmosphäre. Es hat eine eigene, mit keiner anderen Landschaft, keinem anderen Dorf oder Bad vergleichbare Atmosphäre, die die Menschen unmittelbar ihrem Alltagsleben entrückt und sie völlig zu wandeln vermag. Ahrenshoop besitzt einen unwägbaren, unmeßbaren, ja, einen nicht beschreibbaren Scharm.
Baulich kann Ahrenshoop nicht viele Schönheiten aufweisen; es hat seit langem nicht einmal mehr ein geschlossenes Dorfbild. Es ist an einzelnen Stellen sogar auf eine geradezu unverantwortliche Weise verschandelt worden. Zwar hat der Ahrenshooper Verein seinerzeit nach besten Kräften für die Erhaltung des alten Dorfbildes gekämpft. Die Sünden, die nach seiner Auflösung, begünstigt durch die Bodenspekulation und die Aussicht, am Zustrom der Fremden immer mehr Geld zu verdienen, begangen wurden, sprechen noch heute eine beschämende Sprache. Der alte Dorfkern ist völlig in den Schatten gerückt worden. Ganz im Gegenteil zu Alt- und Niehagen, die unter dem Schutz ihrer Bodenpolitik Fischerdörfer geblieben sind. Auch im Gegensatz zu Wustrow, wo sich trotz der Sünden an Geschmack und Baustil der Charakter des Schifferdorfes erhalten hat.

Eigentlich hat sich Ahrenshoop um fast alle Reize seiner ursprünglichen Gestalt gebracht. Schon die ersten Maler, die sich anbauten, gingen mit schlechtem Beispiel voran. Sie kümmerten sich überhaupt nicht um die alte Fischländer Bauweise. Sie hatten überdies eine durchaus konventionelle Vorstellung von ländlicher Bauart. Der Katen war für sie ein geschätztes Motiv, aber nicht Vorbild. Sie lebten im städtischen Jugendstil ihrer Zeit. Sie trugen sich auch so, gingen in Lodenjoppen mit einem Jägerhütchen und pflegten den Spitzbart. Die Damen schleiften ihre weißen, gestickten Kleider über der eingeschnürten Taille durch den Dünensand und glaubten ländlich zu sein, wenn sie über ihr Toupet den Flandernhut stülpten.

So haben schon die Begründer der Künstlerkolonie Ahrenshoop den Weg für die Stillosigkeit frei gemacht, die sich über das Dorf ausgebreitet hat, und durchaus nicht alles falsch Empfundene ist inzwischen von Bäumen und Strauchwerk eingehüllt worden. Man muß sich das Bild des alten Ahrenshoop, so wie es die Maler in den neunziger Jahren vorfanden, mühselig aus den letzten, noch hinter Dünen verborgen gebliebenen alten Fischerkaten zusammentragen. Trotzdem hat Ahrenshoop seinen Zauber behalten, denn das Dorf trägt einen für Deutschland überaus seltenen Charakterzug, es hat Grazie.

Diese Grazie Ahrenshoops liegt gleichsam in der Luft, die der Zusammenklang des Meeres mit der weit nach Osten ausgedehnten Boddenwelt erzeugt. Über Ahrenshoop liegt eine Luft voll Salzgehalt und satter Feuchtigkeit, herb und süß zugleich. Und diese Luft hält das Dorf fest in sich gefangen. Ahrenshoop wird darum von den Menschen, die es lieben, weit mehr gefühlt als bewußt gesehen.

Es ergibt sich nun das Merkwürdige, daß die breite Dorfstraße mit ihren Baumreihen zu einem Raum wird, den diese Luft erfüllt, in der alle Farben verhalten und nobel wirken. Die Ahrenshooper Dorfstraße oder vielmehr der Raum, den sie darstellt, ist das eigentliche Ahrenshoop. Die Grundstücke zu beiden Seiten, ihre Hecken, ihre Zäune und die Häuser dahinter sind im Grunde nichts anderes als die Grenzen dieses Raumes. Sie haben im gesamten keine andere Funktion zu erfüllen. Darum nämlich ist es nicht so wichtig, in welchem Stil die Häuser gehalten sind oder ob etwa in einem Vorgarten Zwerge um einen roten Fliegenpilz stehen.

Worte können das Glück des Daseins, das die Menschen in Ahrenshoop erleben und zur Schau tragen, nur unvollkommen wiedergeben. Wie verzaubert schreiten sie auf der Ahrenshooper Dorfstraße einher, auf leisen, beschwingten Sohlen. Nirgends hat auch das Licht einen so goldenen Glanz, als wenn es durch die dichten Blätterkronen dieses Weges sinkt. Nirgends wirken die Bäume so seidengrün, die Schatten so warm und freundlich wie hier. Und zugleich spürt man mit jedem Atemzug die See, hört ihr Rauschen und weiß sich in der Geborgenheit dieses Raumes immer der grenzenlosen Weite des Meeres nah.
Und es ist wirklich so, als hätten die Generationen der Menschen, die dieses Glück und diese Schönheit in sich aufgesogen haben, ihr Gefühl für immer in diesen kleinen Ort gebannt.
Von Ahrenshoop ist nun im Laufe der vielen Jahre ein breiter Strom geistigen und künstlerischen Lebens über das Fischland geflutet, den das neue demokratische Deutschland in einer sehr sinnfälligen Weise erkannt und aufgefangen hat. Ahrenshoop ist „Kulturbad" geworden. Der Kulturbund zur demokratischen Erneuerung Deutschlands hat dieses kleine Dorf hinter den Dünen zur Stätte ausersehen, an der geistig schaffende Menschen Erholung und Sammlung finden sollen. So vereinen sich in jedem Sommer im Kurhaus und rundum in den Häusern des Dorfes Künstler und Wissenschaftler und geben damit der Vergangenheit dieses weltabgelegenen Ortes einen neuen, lebendigen Sinn. Und es mag wunderlich erscheinen, aber die Gestalten der Kulturschaffenden, ihre vom Ringen um künstlerische Form und vom Kampf mit den Problemen der Wissenschaft geprägten Gesichter — auch sie fügen sich in das Fischland ein, als könnte es gar nicht anders sein. Sie bestätigen die Weltabgeschlossenheit unserer Heimat und die unerschöpflichen Kraftquellen, die sie jedem auftut, der in rechter Weise zu ihnen tritt. So hat also der Kulturbund Ahrenshoop kein neues, fremdes Gesicht gegeben, sondern die eigenartige Stellung nur bestätigt, die diesem Dünendorf zwischen dem Darß und den Seemannsdörfern des alten Fischlandes zuerteilt worden ist.
Es ist wesenhaft für das Gefüge des vielgestaltigen Fischlandes, daß an seinem Anfang der Hügel liegt, auf dem die Fischländer Kirche steht und die erste Kultstätte des wendischen Swante-Wustrow zu Hause war, und daß sich am Ende des alten Ahrenshoop wiederum auf einem Hügel als Kurhaus das ehemalige Hotel Bogislaw, die Stätte der ersten strahlenden Künstlerfeste, die das

Fischland sah, und jetzt wieder der Sammelpunkt der Kulturschaffenden, erhebt. Das sind auch heute noch die beiden Pole, zwischen denen das Fischland lebt. Und natürlich erscheint es, daß Ahrenshoop, unmittelbar am Strande gelegen und heute ehrenvoll als „Kulturbad“ ausgezeichnet, der berühmte Badeort geworden ist, Althagen und Niehagen, die sich eng an den Bodden schmiegen, Fischerdörfer geblieben sind, während Wustrow, zwischen Bodden und Meer in der Mitte gelegen, fest in sich beruhend und in sich geschlossen, den alten Fahrensleuten die Heimat gibt.

Bis in den letzten Krieg hinein war in der Tiefe des Spritzenhauses, das als unscheinbarer kleiner Steinbau am Anfang von Althagen steht, der Krankenkorb untergebracht. Das heißt, es war kein richtiger Korb mehr, wie in früherer Zeit, es war ein hölzerner Kasten, nur 70 Zentimeter breit, damit er in das Abteil eines Zuges geschoben werden konnte, mit Sprungfedern und einer Matratze ausgestattet, mit einem Schauer zum Schutz gegen Wind und Regen versehen und mit zwei Rundhölzern zum Tragen. Die eine Seite ließ sich herunterklappen.
Dieser Krankenkorb stand bereit, um Menschen, die nur durch Operation gerettet werden konnten, vom Fischland nach Rostock zu bringen. Die Ältesten unter uns wissen noch davon zu erzählen, wie unser Krankenkorb auf einen Bauernwagen gehoben wurde, der ihn in etwa sieben Stunden durch die Rostocker Heide bis zur Stadt fuhr, falls ihn zur Winterszeit nicht zuerst ein Segelschlitten über den Bodden trug.
In aller Erinnerung lebt aber noch die Angst um einen kleinen Jungen in Althagen, der einmal mitten im Winter, zwei Tage vor dem Weihnachtsfest, eine schwere Blinddarmentzündung bekam. Es war schon später Nachmittag, es dunkelte bereits, da konnte der Doktor keinen anderen Rat mehr geben, als das Kind auf schnellstem Wege zur Operation nach Rostock zu schaffen.
Für einen Wagen war auf den von Regen und Schnee völlig aufgeweichten Wegen kein Vorwärtskommen. Auf dem Bodden trug die Eisschicht nicht mehr. Die Mutter und vier Männer aus der Familie und aus der Nachbarschaft packten das Kind in einen Korb, obwohl die Großmutter meinte: „Wenn hei d o c h starben soll, dann kann hei ok hier starben." Sie waren bereit, ihr eigenes Leben einzusetzen. Auf zwei kleinen Schlitten, mit Peeken vorwärtsgestoßen, immer auf dem schwankenden Eise am Uferrande entlang, haben sie im Dunkeln den Weg nach Ribnitz gesucht und dort den Korb auf einem Karren durch die ganze Stadt bis zum Bahnhof geschoben. Sie kamen im letzten Augenblick in der Rostocker Klinik an. Das Leben des Jungen wurde gerettet.
Dieser Krankenkorb ist das Sinnbild der vergangenen Zeit, so wie das Fischland-Krankenhaus, das nach dem Zusammenbruch 1945 durch die Initiative der Besatzungsmacht in Wustrow ent-

standen ist, als der Anfang einer neuen Zeit auf dem Fischland anzusehen ist.

Nur wer hier sein Leben lebt, also nicht allein als Sommergast vom Fischlande die Erfüllung seiner vielen Ferienwünsche verlangt, kann erkennen, was dieser neue Anfang zu bedeuten hat und wie das Fischland nach ihm verlangt. Man stellte das an sich selbst mit einem leisen Erstaunen fest, als jetzt wieder einmal das Projekt eines Seehafens unterhalb von Wustrow, der den Saaler Bodden mit der Ostsee erneut verbinden soll, zur Sprache kam und sogar näher gerückt schien als kaum jeweils zuvor. Man war drauf und dran, endlich die alte Durchfahrt, die einst durch Versenken vieler Schiffe und die darauffolgende Versandung geschlossen wurde, wieder aufzumachen, mit zwei Molen zur See hinaus eine Hafeneinfahrt zu schaffen, um auch vom Fischland aus die aufblühende Hochseefischerei zu betreiben und dem Bodden als Binnenhafen eine neue Aufgabe zuzuteilen.

Ich erzählte wahrheitsgetreu aus meinen Kindheitserinnerungen, mit welcher Beklemmung wir uns einst vor einem solchen Zukunftsbilde scheuten. Wir hatten Angst um unser geliebtes Fischlandidyll. Heute würde man in einem schiffbaren Zugang zur Ostsee die Wiederaufnahme einer Tradition begrüßen, die dem Fischlande und dem Geist seiner Menschen entspricht. Denn dem Fischländer liegt trotz seiner isolierten Lage eine Abgeschiedenheit nicht. Dagegen ist Weltaufgeschlossenheit ein bezeichnender Zug seines Wesens, und seine Vergangenheit beweist, daß er gegenüber der Weite der Welt seine Art wohl zu bewahren und zu stärken vermag. Das Fischland und seine Menschen werden verkümmern, wenn sie nicht teilhaben dürften an dem Strom des lebendigen Lebens, der wieder in Fluß kommen soll. Die Fischländer Jugend würde der Heimat unweigerlich verlorengehen, wenn dem Fischland nicht die Einschaltung in den Neuaufbau gelingt, und wo einstmals die Seefahrt von diesem schmalen Landstrich aus eine Beziehung zu allen Meeren und Ländern der Erde schuf, würden Vergreisung und Friedhofsstille herrschen.

So ist es glückhafter Anschluß an unsere beste Vergangenheit, daß den Fischländern jetzt wieder ein Anteil am Schiffbau geboten wird. Bei Damgarten ist als volkseigener Betrieb eine neue Schiffswerft entstanden, und zwar nicht weit von der Stelle, auf der einmal die bekannte Segelschiffswerft von Dierling lag. In Damgarten wie in Ribnitz wurden vor rund hundert Jahren die

Galeassen, Barken und Briggs und viele kleinere Fahrzeuge für die Fischländer Schiffer gebaut. In Damgarten hat die Brigg „Paul Jonas“ auf den Hellingen gestanden, die von Wustrower Kapitänen geführt worden ist. Dort wurde als größtes Fahrzeug der Werft der Dreimastschoner „Graf Behr-Negendank“ gebaut. Die Ribnitzer Werft von J. H. Wilken Sohn schickte als einen seiner letzten und als seinen größten Segler die Bark „Präsident Trotsche“ hinaus in die Welt, auf der noch der Wustrower Schiffsmodellbauer Albert Kriemann als Matrose gefahren ist. Und die Fischländer Jugend, die heute den beschwerlichen Weg bis nach Damgarten nicht scheut, um auf der neuen Boddenwerft beim Bau der Hochseefischkutter tätig zu sein, nimmt, wenn auch in bescheidenem Ausmaß, die Fußspuren ihrer Väter wieder auf und bleibt der Seefahrt nah.

Jetzt hat auch die Seefahrtschule in Wustrow ihre Pforten wieder aufgemacht. In das gewichtige, helle Gebäude auf dem Stegberg ist neues Leben eingezogen. Es konnte vordem so aussehen, als wäre das kleine Kirchdorf auf dem Fischland nicht mehr der rechte Ort, um die Jugend zur Seefahrt auszubilden. Schon mehr als einmal hat das Herz der Fischländer in Sorge um den Fortbestand ihrer Schule geschlagen. Aber immer wieder hat sich gezeigt, daß das Fischland eine Pflanzstätte der Seefahrt ist und bleibt.

Noch werden in Wustrow erst laufende Kurse für Seeschiffer und Seesteuerleute in kleiner Hochseefischerei und für Seemaschinisten abgehalten, auch Kurse für die Wasserpolizei. Doch diese Lehrgänge sind mehr als eine Vorstufe dafür anzusehen, daß auch in Wustrow wieder das Patent für „Große Fahrt“ errungen werden kann, dieses kostbarste und gewichtigste Stück Papier für den Fahrensmann, das fern lockende Ziel für den tüchtigen Fischländer Jungen, der als „Moses“, wie die Seemannssprache den Schiffsjungen in seinem ersten Bordjahr nennt, das Deck eines Schiffes betritt. Diese Ausbildung ist zur Sicherstellung des Lotsennachwuchses vorgesehen.

Wir würden nun nicht auf dem Fischland sein mit seinem so wunderlichen Doppelgesicht von Seefahrt und Kunst, wenn nicht auch bei der Neugestaltung der Seefahrtschule seine Künstler herangezogen worden wären, um die Räume mit Wandmalereien auszuschmücken. Ja, das Fischland hat sich bereits durch sein Künstlerkollektiv den Ruhm erworben, die erste Volksschule im

ganzen Mecklenburger Lande zu besitzen, die von Künstlern ausgemalt worden ist.
Schon einmal, als Ahrenshoop zum Wohnsitz vieler Maler geworden war, statteten Künstler in gemeinsamer Arbeit die Wände des Festsaals im jetzigen Kurhaus mit Landschaftsmotiven vom Fischland aus. Jetzt hat unser Künstlerkollektiv, das auch die Seefahrtschule „unter den Pinsel“ nahm, die Wände der beiden Schulklassen in Althagen ausgemalt. Die Künstler Hedwig Holtz-Sommer, E. Th. Holtz und Georg Hülße haben den größeren Kindern Bilder von Arbeit und Fest ihrer Heimat und den Kleinsten Bilder aus ihrer Märchenwelt an die Wände gezaubert, die die Schüler ihr ganzes Leben lang in der Erinnerung tragen werden. So werden die Fischländer Kinder, während sie vor den niedrigen Pulten über ihrer Schiefertafel oder dem Lesebuch sitzen, bereits mit der Kunst vertraut. Sie werden sozusagen mit der Kunst schon groß. Es ist wie ein kleines Wunder, daß so etwas hier auf unserem abgelegenen Landstrich möglich war. Es ist ein Beweis dafür, wie fest sich das Künstlertum auf dem Fischland eingelebt hat. Die Verschmelzung von Kunst und Volk wurde auf dem Fischland erreicht.
Tief in die Ahrenshooper Kuhweide hinein schmiegt sich ein altes Seegatt, das den Namen Hundsbeek trägt. Hier greift die See unser Land am gierigsten an, weil ihr im wesentlichen nur Schwemmsand entgegentritt. Hier droht Ahrenshoop die größte Sturmflutgefahr; darum soll jetzt an dieser Stelle ein Durchlaß in Form einer Rohrleitung geschaffen werden.
Wir Laien denken natürlich sofort daran, daß solch ein Durchlaß die Aufgabe haben wird, die Unterschiede im Wasserstand zwischen Bodden und Meer, die je nach dem Winde oft sehr erheblich sind, auszugleichen. Das wird bis zu einem gewissen Grad auch der Fall sein, doch eigentlich nur nebenbei. Denn der Durchlaß soll in erster Linie dem Küstenschutz dienstbar sein, er wird helfen, eine Art Buhne zu bauen. Das Wasser nämlich, das aus dem Bodden zur Ostsee fließt, wird die Strömung des Meeres gleichsam durchschneiden. Es wird den Sandtransport, den die Strömungen an der Küste bewirken, zum Niederschlag bringen, so daß das Meer gezwungen wird, sich in Gestalt eines Riffs selbst eine Schranke zu bauen.
Die Arbeit an der Küste des Fischlandes berichtet deutlich vom Fluch des Buhnenbaus, daß an jedem Abschluß seiner Tätigkeit, jeweils hinter der letzten Buhne, starke Auskolkungen entstehen,

so daß ein ununterbrochenes Weiterführen der Buhnen erzwungen wird. Darum wird mit dem Durchlaß jetzt der Versuch auf dem nördlichen Ende des Fischlandes gemacht, das Meer selbst zur Mitarbeit zum Schutz gegen seine Gewalten heranzuziehen.

Die Folgen der Kriegsjahre, in denen der Küstenschutz auf dem Fischland sich schließlich wegen mangelnder Baustoffe und überalterter Arbeitskräfte nur noch auf die Ausbesserung der schlimmsten Schäden beschränken mußte, haben die neue Zeit vor überaus ernste Aufgaben gestellt, die jetzt in Angriff genommen sind. Wie wichtig und unaufschiebbar das ist, hat uns das schwere Hochwasser in den ersten Tagen des März 1949 gelehrt, als die Dünen vor Wustrow niedergespült worden waren und die Einwohner hinter dem Strande ihre Habe zu packen begannen, weil sie befürchteten, fluchtartig ihre Häuser verlassen zu müssen. Auch die wiederholten Einbrüche der See in den Darß bei den Rehbergen, die nur durch die Vernachlässigung der Schutzbauten möglich sein konnten, sind ein Beweis.

Mit den einfachsten Mitteln, zum Teil sogar wieder durch eine mit Händen betriebene Ramme, hat sich der Küstenschutz des Fischlandes erneut zur Wehr gesetzt. Heute zeigen bereits die Erfolge am Dünenbilde von Wustrow, daß wir uns vor dem unablässigen Angriff der See auf unsere kleine Heimat wieder ein wenig geborgener fühlen dürfen.

Man möchte nun nicht von mir erwarten, daß ich zusammenfassend mit wenigen, eindeutigen Worten sage: so ist das Fischland, so sind die Menschen, die darauf leben. Das kann ich nicht. Was ich zeigen kann und auszusagen vermag, sind nur Anhaltspunkte, kleine, helle Lichtflecke, Einzelnes. Nach der letzten Wahrheit muß ein jeder selbst auf die Suche gehen. Er wird niemals etwas anderes erreichen, als jeweils Stationen auf einem Wege, der endlos ist.

Eins allerdings läßt sich mit aller Bestimmtheit sagen: Das Fischland hat eine Kraft der Assimilation von hohem Grad. Es ist darin am ehesten Berlin zu vergleichen, von dem man gern spottend sagt, daß es überhaupt keine geborenen Berliner gäbe, da alle aus dem Osten, aus Schlesien, aus Breslau stammten.

Die Zahl der echten Fischländer war schon klein, ehe die Umsiedler in unsere Dörfer zogen. Wir haben verschiedentlich darüber gesprochen, daß seit der Jahrhundertwende immer neues Blut auf das Fischland gekommen ist. Wenn man in einem unserer Dörfer, etwa in Althagen, einmal Haus für Haus an sich vorüberziehen läßt und darüber nachsinnt, wieviele rein fischländische Familien dort noch wohnen, kann man erschrecken und wäre versucht, auszurufen: Es gibt überhaupt keine echten Fischländer mehr!

Es gibt tatsächlich nicht mehr viele Familien auf dem Fischland, zu denen keine Eisenbahner gehören. Dennoch muß von einer fischländischen Bevölkerung gesprochen werden, von einem besonderen Wesen, von einer Eigenart, die die Fischländer Dörfer und ihre Menschen auszeichnet.

Gerhard Ringeling hat einmal in einer Sammlung kleiner Erzählungen, die den Namen trägt „Seefahrend Volk", die Worte geschrieben: „Das alte Fischland ist ein sterbendes Land. Es stirbt an den Zivilisationskrankheiten, an denen alle abgelegenen Winkel heute zugrunde gehen, an der Chaussee, an der Eisenbahn, am Auto."

Über diese Worte habe ich viel nachdenken müssen, sie haben mich auch bei den Vorarbeiten für die Heimatkunde immer begleitet. Aber ich unterschreibe sie nicht.

Gewiß hat es in dem letzten halben Jahrhundert, seit das Fischland in immer engere Berührung zu den Städtern kam, Zeiten gegeben, in denen einem Angst um das Fischland werden konnte, weil die Überfremdung überhand nahm, der städtische Einfluß alle Eigentümlichkeiten des Fischlandes zu ersticken drohte. Darum ist der Wustrower Kapitän gut zu verstehen, der immer noch, sobald er den Dampfer mit den Gästen einfahren sieht, ausrufen möchte: „Torück, torück mit juch!"

Das Fischland hat wegen seiner Abgelegenheit immer wieder Menschen angelockt, die eine Stätte suchen, auf der sie sich hemmungslos gehen lassen können. Es ist auf dem an sich so stillen Fischland oft wild hergegangen, und auch mancher Fischländer fuhr unter diesem Einfluß „aus seiner Haut". Doch der Fischländer trägt gesunden Abwehrstoff in sich. Er hat ein treffliches Wort für Gäste dieser Art. Er sagt von ihnen „Gesochse" mit einer großartigen Gelassenheit und geht weiter seinen Weg. Und im Grunde bleibt alles Fremde nur ein Spuk der kurzen Sommernächte, der mit den ersten Herbststürmen bereits davonweht, den die langen Regentage unseres grauen Novembers so gründlich fortspülen, wie den Staub von unseren Katen und Gärten, welchen die Autos der Fremden uns zurückgelassen haben. Und hinter allem, was im Sommer geschieht, steht der Winter mit seiner unerbittlich klaren, säubernden Luft, in der sich nur Grades, Lebenstüchtiges und auch Lebenskluges halten kann.

Lebenstüchtigkeit und Lebensklugheit sind Eigenschaften, die man dem Fischländer Volk der Fahrensleute nachsagen kann. Sie wissen zu leben und leben zu lassen; denn alle Kleinlichkeit ist ihnen fremd. Der Fischländer hat Teil an der Weite und Unbeirrbarkeit der Wasser, die ihn von beiden Seiten in ihre Arme schließen, die Tag und Nacht sein Land, seine Häuser bedrohen und die ihm zugleich das Lebensbrot reichen.

Noch eins kommt hinzu: durch die Seefahrt und das Schicksal, das die Wasser seit vielen Generationen diesem Landstrich und seinen Menschen bereiten, bleibt der Boden des Fischlandes tief aufgepflügt; es kann sich keine erstarrende Kruste bilden. Er hält sich locker und aufnahmebereit. Das ist wohl auch der Grund dafür, daß das Fischland die Menschen so tief in seinen Bann zieht. Doch was sich nicht anpassen will, stößt es eines Tages wieder ab. Die Übersichtlichkeit des schmalen Landstrichs und seiner kleinen, in sich geschlossenen Bevölkerung bringt noch einen Vorzug besonderer Art. Das Leben liegt auf dem Fischland so klar und feinlinig da, wie auf einer Miniatur. Man lernt, es in allen seinen Einzelheiten zu betrachten, lernt jeden Farbenton, jeden Klang unterscheiden, und schließlich beginnt man, auch ein wenig die Sprache zu verstehen, die hier die Welt der stummen Dinge spricht.

* * *

Die erste Malerkolonie in Ahrenshoop siedelte sich nicht in den alten Katen an. Sie baute die geräumigen, hohen Häuser, die heute fast alle in zweite oder auch schon dritte Hand übergegangen sind. Nur der Professor Franz Triebsch, der Anschluß an die erste Ahrenshooper Künstlergeneration fand, bewohnt noch draußen in Neu-Ahrenshoop sein goldgelbgetünchtes Rohrdachhaus.

Eigenwillig in seiner behäbigen Breite, die dem Osten Deutschlands entstammt, steht unmittelbar hinter dem Strande am Ausgang des alten Dorfes das Fachwerkhaus, das Alfred Partikel gehörte, an dem er selbst mitgebaut hat, und das heute noch im Besitz seiner Familie ist. Dieses Haus hat sich unabhängig von dem Ahrenshooper Stil „dor buten“ gehalten, der etwas leicht Kunstgewerbliches niemals ganz überwunden hat. Es ist so fest aus dem Boden gewachsen, wie es der Mann und Künstler war, der sich darin seinen Lebensraum schuf.

Das Haus im Dorf, das sich einmal der Maler Martin Körte baute, bewohnt jetzt der Maler Hans Braß. Von diesem Grundstück ist die Bunte Stube ausgegangen, so daß mit dem Kunstkaten dahinter in Ahrenshoop ein kleines Geschäfts- und Kunstviertel entstanden ist, der Sammelpunkt für den Fremdenverkehr.

Auf dem eigentlichen Fischland südlich vom früheren Darßer Kanal fügten sich die Künstler von Anfang an nahezu unsichtbar in die Dörfer ein. Sie haben sich alte Häuser für ihre persönlichen Zwecke zurechtgebaut.

Mit einem guten Gefühl für das Dorfbild hat der Bildhauer Wilhelm Löber aus einem alten, angebauten Katen ein nahezu neues Haus geschaffen; nur die hölzerne Treppe schändet, die von draußen nach oben führt. Doch solche Treppen sind auf dem Fischland fast schon ein bißchen in Mode gekommen.

Vorbildlich ist die Bescheidung, mit der der Bildhauer Gerhard Marcks seinen alten Katen behandelt hat. Er hatte die weitaus behutsamere Hand. Sein Anwesen liegt in Niehagen am Ende eines kleinen, grünen Boddenwegs, der den Flurnamen „Nordertrift“ trägt. Das Haus ist noch heute im Grunde so, wie es die beiden

Fischländer Nähterinnen bewohnten, von denen Marcks es erwarb. Marcks hat dort in den langen Jahren des Dritten Reichs mit einem Teil seiner Kinder Winter und Sommer in einer erschütternden Bedürfnislosigkeit gelebt. Ich kann mir auch schwer vorstellen, daß andere städtische Frauen so freudig und zufrieden in diesem Hause gewirtschaftet hätten, wie seine Frau. Die Werkstatt, in der Marcks gearbeitet hat, ist ein Anbau, kaum größer als das, was man auf dem Fischland für sein Vieh und sein Holz gebraucht. Nur das Dachfenster kann verraten, daß dort zwischen hohen Bäumen und dichten Büschen in aller Abseitigkeit eines Künstlers Arbeitsstätte liegt. An der Front dieses Hauses wird eine prächtig geschnitzte uralte Tür von dunkelroten Klinkern eingerahmt.

Höchst eigenwillig wirkt in Wustrow der Katen, der dem Malerehepaar E. Th. Holtz und Hedwig Holtz-Sommer gehört, der also zwei Arbeitsräume und einen Ausstellungsraum hergeben mußte und darüber fast auseinander brach. Dieses Haus führt den Namen Runenhaus, weil einer Überlieferung nach Steine mit Runen in ihm vermauert worden sind. Das Anwesen selbst ist ein Stück traumhafter Boddenlandschaft, eine Verkörperung des wundersamen Zusammenspiels von Binnenwasser und See, das das Fischland gerade am Eingang von Wustrow so reizvoll macht. Man steht nur wenige hundert Meter entfernt von Deich, Düne, Strand und Meer und atmet dennoch die weiche Boddenluft, wird von ihr gleichsam umspült, die alle Farben milde und wie von gütigen Händen sorgsam ausgebreitet macht. Wenn auch ein Schild laut verkündet, daß der Eingang des Dorfes, dessen erstes Haus dieses Malerhaus ist, schon zur Großen Straße gehört, wissen die Fischländer das besser. Man sagt Kuhleger von diesem gekrümmten Stück Chaussee, und zwar von alters her sagt man so. Doch was dieses wunderliche Wort bedeutet und woher es kommt, kann keiner erklären.

Wenn wir an einem bescheidenen, ganz in althergebrachter Weise gepflegten Rohrdachkaten an einer der Strandstraßenecken das kleine Schild mit dem Namen Dora Menzler finden, werden wir an die Zeiten erinnert, in denen die berühmte Gymnastikschule von Dora Menzler alljährlich ihren Sommersitz in Wustrow nahm. Dora Menzler war die erste in Deutschland, die ihre Schülerinnen aus den geschlossenen Übungsräumen in die Natur geführt hat. Und die „Hüppers“, wie die Fischländer gern die große Schar junger gelöster Menschen nannte, haben das Fischland für viele Jahre mit ihrem Frohsinn erfüllt. Sie nahmen einen festen Platz im Wustrower Sommerleben ein. Man kann fast sagen, daß sie so fest wie die Seefahrtschüler auf dem Fischland verwurzelt waren.

Mitten im Dorf wohnt Hedwig Woermann, die Malerin der Rollenbilder, in einem der wenigen alten Rohrdachhäuser, die durch ein Wunder von der Feuersbrunst von 1869 auf der Westseite des Dorfes verschont geblieben sind. Dieses Haus hat einen neuen Flügel mit einem prächtigen Arbeitsraum bekommen, dem Licht von Fenstern aus zwei Seiten zuströmt und der aus dem alten Katen wie natürlich herausgewachsen ist. Er handelt nach einem gegebenen Gesetz. Die hohe Diele des Kröpelwalmhauses hängt voll von Bildern, wie alle Räume zugleich eine Dauerausstellung der Besitzerin sind. In diesem Haus schließen sich Einst und Jetzt kampflos einander an. Es sieht geradezu so aus, als wären diese Hochdielenhäuser die geborenen Ausstellungsräume.

Daß wir nun denjenigen Künstler, der eigentlich am meisten fischländisch geworden ist, noch immer nicht genannt haben, liegt ausschließlich an der belanglosen Äußerlichkeit, daß er in einem Hause wohnt, über das sich irgend etwas Bemerkenswertes nicht recht aufbringen läßt. Doch wenn wir spät in der Nacht am Bodden entlang aus Niehagen oder Wustrow kommen und über den Deich balancieren, während zu beiden Seiten auf den Bodden-

wiesen die Nebel aufsteigen und die Welt verhüllen wollen, weist uns Licht aus zwei nach Süden gewandten Fenstern treulich den Weg. Dann wissen wir, daß hinter diesen Fenstern noch immer Fritz Koch-Gotha gebückt über seinem Arbeitstisch sitzt, der eigentlich nur ein gewöhnlicher Schreibtisch ist, doch über und über mit den Gerätschaften des Zeichners bedeckt, mit Tuschefläschchen und Pinseln, Stiften, Zeichenbrett und viel, viel Papier, und hoffen, daß er an einem der Blätter arbeitet, auf denen er, wie kein anderer je, das Wesen des Fischlandes und seiner Menschen sichtbar macht. Denn er ist selbst ein Stück vom Fischland geworden, das wir uns ebensowenig fortdenken könnten, wie die hohen prachtvollen Bäume an seiner Ecke, die zugleich eine der schönsten Ecken auf dem Fischland ist.
Die Maler und Bildhauer sind alle nach den Worten der Fischländer „Isenbahner" und meist auf dem Umweg über Ahrenshoop auf die Fischlanddörfer gekommen. Doch ganz ohne eigene künstlerische Aktivität ist das Fischland nicht. Sie liegt auf dem Gebiet der Musik und hat die Orgel in der Wustrower Kirche zum Mittelpunkt, eine Orgel übrigens, die weit über das hinausragt, was man von einer dörflichen Orgel erwarten kann. Der Wustrower Kirchenchor hat im Mecklenburger Lande einen guten Ruf. Er wird von der Tochter des Dr. Lettow, der Organistin des Fischlandes, Inge Lettow, geführt. Tradition sind für das Fischland die musikalischen Sommerabendfeiern geworden, die in Wustrow Jahr für Jahr veranstaltet werden. Doch am liebsten möchte man manche von denen, die des Sommers beglückt über das Fischland gehen, einmal im Winter bei Schnee und Eis wiederum zu uns locken, damit sie erleben, wie in der Adventszeit in der nur sparsam erleuchteten Kirche die Fischländer Kinder Kopf an Kopf im Altarraum stehen und Quempaslieder singen, oder zur Christvesper, wenn auf der Orgelempore der Kirchenchor das Geschehen der Heiligen Nacht in Klängen verkündet. Dann erst weiß man, was unsere Heimat ist und wie die Menschen sind, die dort leben.
Es bleibt nun noch festzustellen, was eigentlich der Städter, der Fremde, vom Fischland erfahren und erfassen kann. Ihm ist die Grenze der Jahreszeit gesetzt. Er ist Sommergast. So lernt er vom Fischland allein den Sommer, und diesen auch nur in einem Ausschnitt kennen. Dem Fremden wendet das Fischland nur seine grüne Seite zu, die bunte, die freundliche, die voll von Wärme und Wachstum ist. Vom Sommer kennt er auch in den seltensten

Fällen die für das Fischland schönste Zeit, wenn um die dunklen alten Katen die Obstbäume in leuchtender Blüte stehen, wenn der Seewind sich mit Fliederduft füllt. Der Fremde erfährt weder die graue Seite, die der November bringt, noch die weiße der langen, harten Winterzeit. Er sieht ein Fischland, das im Grunde sein eigenes, sein besonderes Fischland ist, er erlebt die Lebendigkeit, die er selbst durch sein Hiersein schafft. Er sieht einen Badestrand, doch dieser Badestrand ist im Grunde genommen nur für ihn selber da; denn sonst ist der Fischländer Strand der Saum, ja, gleichsam die Naht, die die beiden Welten des Fischlandes und seiner Menschen zusammenhält, Heimat und See. Die Sommergäste sehen wandernde, ruhende Menschen auf allen Wegen, die wie sie selbst nur kommen, um nach kurzer Zeit wieder zu gehen. Sie schauen auf blühende Wiesen und reifende Felder, und treffen sie Menschen, die dort im Schweiß ihres Angesichts tätig sind, gehört auch das zu ihrer Aussicht dazu, zu ihrer Ferienlust.
So nur stellt sich das Bild des Fischlandes vor ihnen und in ihnen dar. Doch für den Fischländer ist diese kurze, strahlende Sommerzeit nur eine Unterbrechung im übrigen Jahr, die etwas Unwirkliches für ihn haben würde, wären diese Wochen nicht mit einem geradezu atemlosen Schaffen im Garten und auf dem Acker und im Wald erfüllt, mit täglichem Trachten und Mühen, das Anwesen für die lange rauhe Zeit des Jahres mit Nahrung und mit Feuerung zu versorgen.
Wir Fischländer vergessen über der Sonne mit ihrem goldgrünen Licht, den tanzenden Schatten auf dem Bohnenbeet, dem flimmernden Glanz der hohen Silberpappeln am Deich, über all dieser unvergleichlichen Herrlichkeit zwischen den beiden auf kurze Tage auch einmal wunderlich sanftblauen Wassern das weiße Antlitz des Fischlandes nicht, das immer wieder unerbittlich vor uns tritt und uns mit seinen fernen Augen gemahnt:
Sieh du zu, so sagt es, sieh du nur zu, die du immer meinst, daß du das Fischland über alles liebst, wie du mit dir auskommen kannst, wenn wir beide allein miteinander sind, du und ich. Sieh du zu, wieviel du an Kräften des Herzens und des Geistes in dir trägst, sieh du zu, ob deine Vorratskammer der Seele auch nur das Allernotwendigste birgt, um das harte Leben der langen, kalten, dunklen Zeit zu bestehen. Ob du auch dann noch fröhlich und getrost und zufrieden bist und dein Dasein, dein Hiersein preist. Sieh du zu, ob du mit dir selbst und mit deinen eigenen, engen vier Wänden fertig wirst, wenn nicht mehr die Welt der

andern, die jetzt wieder fern von dir sind, stündlich mit Worten und Wärme und Zerstreuung über deine Schwelle tritt und bei dir aus- und eingehen kann. Sieh du zu, ob du die Stille und darin das hohe Rufen der wilden Gänse, die Reglosigkeit der dunklen Winternacht mit den Millionen ferner, flimmernder Sterne erträgst, die dir deine eigene Nichtigkeit bis in die letzte Folgerung verkündet und dich immer wieder vor die Entscheidung bringt, ob du Gott suchen willst oder das Nichts. Frage dich, ob du auch die Stürme vertragen kannst, das Harfen des ewigen Ost, das Brausen aus West, die dunkle Schweigsamkeit, mit der sich der Himmel für Wochen verhängt. Denke daran, es kommen Tage, vielleicht sogar Monde, da bringt dich kein Schiff, kein Gefährt in ein anderes Land. Und nur, wenn du ja zu allem sagst, ja, ich bleibe, — wenn du dich erprobt und auch immer wieder ein wenig erwiesen hast, nur dann darfst du sagen, daß du das Fischland liebst und daß du auf ihm, nur auf ihm zu Hause bist!
Das ist es, was eine echte Heimatkunde vom Fischland nicht verschweigen kann, worein sie einzumünden hat.

Käthe Miethe, geboren 1893 in der märkischen Kleinstadt Rathenow, aufgewachsen in Berlin, seit 1916 im Besitz einer Büdnerei in Althagen auf dem Fischland, die seit 1939 zu ihrem Wohnsitz geworden war. Viele Erzählungen und Jugendschriften der Verfasserin sind der Welt des Fischlandes verbunden.
Käthe Miethe verstarb 1961 in Althagen.

Fritz Koch-Gotha wurde 1877 auf einem Thüringer Gutshof geboren und verbrachte seine Jugend in Gotha. Er besuchte die Kunstschulen von Leipzig und Karlsruhe und lebte, mit der Unterbrechung durch ein Pariser Studienjahr, von 1902 bis 1943 in Berlin, wo er in der Hauptsache für Zeitschriften tätig war. Die erste Bekanntschaft mit dem Fischlande 1922 ließ ihn von da an alljährlich zurückkehren – nach dem Verlust seiner Berliner Wohnung wurde es ihm dauernder Aufenthalt und zweite Heimat.
1956 verstarb Fritz Koch-Gotha in Rostock.